U0550585

超瘋狂希臘神話

監修　庄子大亮
　　　こざきゆう
著　　真山知幸
繪　　木村耕太郎
譯　　陳柏瑤

希臘神話，
未免太扯了!?

明明是
最強的神

宙斯 卻……

就算沒有讀過希臘神話，相信許多人也知其名，其中最有名的就是宙斯，他相當於至高無上的神。

眾神之王的宙斯，可說是「希臘神話的外遇慣犯」，見到漂亮女生就談起婚外情，堪稱渣男，總惹得妻子赫拉憤恨難平。儘管身為至高無上的神，宙斯在妻子面前卻常畏畏縮縮。

因《聖鬥士星矢》而廣為周知的

雅典娜

既強悍又酷……

在漫畫《聖鬥士星矢》裡，懷抱與惡為敵的使命而降臨世間的雅典娜，其實是源於希臘神話中的女神——雅典娜，她既強悍又酷……，而且竟是從父親的腦袋誕生出來的。

竟是從父親的腦袋迸裂誕生！

因《航海王》的波雅·漢考克（Boa Hancock）為人所知的

梅杜莎

是蛇髮女妖三姊妹中最強大的……

卻被裝備萬全的人類殺掉！

《航海王》漫畫裡，蛇髮女妖三姊妹中的漢考克，源自於希臘神話的梅杜莎，在蛇髮女妖三姊妹之中，擁有一看見她、就會遭到石化的神力，因此漫畫裡的漢考克也具有同樣的神力。儘管超強大，最後卻成為被人類殺掉的可悲妖怪。

因《Re：從零開始的異世界生活》而廣為周知的

潘朵拉

是人類世界的
第一個女人……

輕小說暨動漫《Re：從零開始的異世界生活》裡的潘朵拉，源自希臘神話中神所創造的第一個女人潘朵拉。她打開了不可以打開的罐蓋，讓災難降臨人類世界！

夏季的璀璨星空

銀河

聽說，英雄海克力斯吸吮赫拉的母乳時，用力過猛，疼痛難受的赫拉推開了他，從乳房噴灑出的母乳就此變成了銀河。

赫拉的母乳！

希臘神話的眾神，超瘋狂的！

歡迎進入生動有趣的希臘神話世界！

寫在前面

大家好，這裡是「超廢眾神」頻道，今天並不是要介紹遊戲的實況動畫，而是要介紹比起動畫或遊戲，（也許）還要有趣的希臘神話！

大家聽過希臘神話嗎？那是許久以前在歐洲的希臘，人們所敘述的或是在繪畫中描繪的，關於眾神的神話故事。至於誰才是希臘神話最初的作者，已不得而知，只是就此廣為流傳於人世間。或許眾神與英雄們眞的存在過，才得以誕生如此生動的故事吧……？

口耳流傳下來的希臘神話，有諸多的神話故事，其中既有「明明是神卻像怪人！」的好笑故事，也有「怎麼會這樣！太扯了！」的驚奇故事等等。坦白說，如果不有趣，又如何能流傳幾百年呢？是啊，希臘神話就是這麼有趣！無論在任何時代，讀者都能感受到希臘神話所賦予的種種寓意與價值。希臘神話猶如神話故事的寶盒，接下來，就讓我們一起來打開寶盒吧！

西洋神話研究家・庄子大亮

※希臘神話，眾說紛紜，隨地域不同，故事內容也不盡相同。本書僅介紹其中的一部分，因此可能與其他的版本有所不同。不過，這也是希臘神話的有趣之處，請大家抱著發掘新發現的好奇心，閱讀下去吧。

目錄

CONTENTS

Contents

CHAPTER 1

超瘋狂希臘神話

為了戀愛

就因為是神所以才要戀愛!?不，還不只是那樣，不僅愛得癡迷，也為了戀愛做出不可思議的舉動……，本章節網羅讓眾神怦然心動或暴走的戀愛軼事，像是變身只為了接近心儀對象的宙斯，撩妹話術低級拙劣的波賽頓，以及陷入情網、卻不知為何總是挫敗的阿波羅等等。

檔案 NO.1

明明是統治之神……
卻超愛拈花惹草

宙斯

宙斯 ZEUS

DATA

種類	神
特徵	操弄閃電的最高地位之神
屬性	奧林帕斯12神
雙親	父 克洛諾斯 母 瑞亞

於希臘神話登場的眾神中，擁有「最高地位（最厲害）的神」，就是宙斯。

宙斯是全知全能的神，也就是「沒有不知道的事，也沒有任何辦不到的事」，可說擁有無窮的神力，其他神根本無法與他相提並論。

地位分明在眾神之上的宙斯，卻也有無法克制的一面，那就是——喜歡到處拈花惹草。儘管已有了妻子赫拉，仍頻頻對各式各樣的女人伸出魔爪。

雖說，聰明又體健的男人本就好色，而自古以來，擁有權力的男人總也愛有外遇。但是，宙斯可不只是凡人的等級，為了接近心儀的對象，他甚至可以不擇手段。

某次，宙斯喜歡上擁有最強軍隊的斯巴達王國的王后麗達。儘管麗達已是他人之妻，宙斯也毫不卻步。爲了勾引麗達，他不惜化身爲天鵝。

聰明的宙斯，故意讓老鷹追捕自己。任誰看見被老鷹追逐的天鵝，都會升起憐憫之心。果然，麗達看到逃命的天鵝，忍不住同情，於是張開雙手擁抱，沒料到竟是宙斯的化身……。

中了計、將宙斯擁入懷裡的麗達，而後產下蛋，誕生出克呂泰涅斯特拉與海倫，兩人都是宙斯的孩子，後來，海倫成爲絕世美女。

另外，現在掛在夜空中的天鵝星座，也就是當時宙斯化身的天鵝。

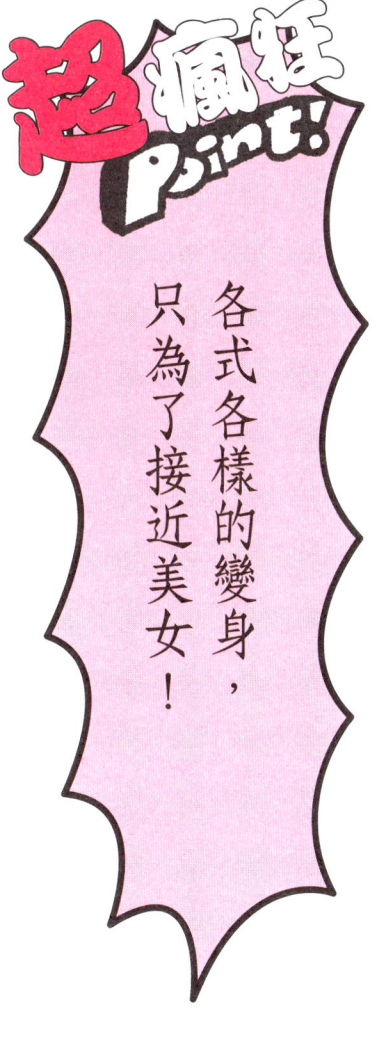

超瘋狂Point!

各式各樣的變身，只為了接近美女！

宙斯的妻子赫拉很善妒，常爲丈夫處處留情而暴怒，但是宙斯依然如故，總是見一個愛一個。爲了不讓赫拉發現自己的惡行，也爲了不讓心儀對象起疑，於是不斷化身爲各種樣貌發生外遇。

宙斯愛上地中海東岸的腓尼基公主歐羅巴時，化身爲全白的牛，與心儀的歐羅巴嬉戲，讓她乘坐在牛背上出海遊玩。

當橫越海洋來到克里特島，化身爲牛的宙斯又變回原貌，向歐羅巴告白。歐羅巴驚訝不已，最後還是接受了宙斯，並生下三名子女。當時，宙斯所化身的牛，據說就是現在的「金牛星座」。

然而，如此多情的宙斯也有陷入苦戰的時刻，那就是與誕生諸多英雄的阿爾戈斯王國國王阿克里西俄斯的戰役。

宙斯愛上了阿克里西俄斯國王的女兒達娜厄，但阿克里西俄斯相信「女兒的孩子會引來殺身之禍」的預言，不惜將達娜厄關在地窖，以防止男人親近女兒，避免產下後代。

這麼一來，宙斯總無法接近被監禁的達娜厄了吧！但沒想到，宙斯又化身成「黃金雨」，變成雨水，趁著縫隙鑽進屋內。變成了雨的宙斯，更

檔案 1

大膽地灌注在達娜厄的身上……。什麼嘛，竟變成了雨！只為了靠近心儀對象，不惜變成液體的宙斯，實在太可怕了啊！

果然是無所不能的神……，但是，你不能好好地運用在其他事情上嗎？

ZEUS

檔案 NO.2

駭人的海神

波賽頓

波賽頓 POSEIDON

DATA

種類	神
特徵	海神，宙斯的哥哥
屬性	奧林帕斯12神
雙親	父　克洛諾斯 母　瑞亞

地球的海洋面積，約爲陸地的二點五倍！

而掌管海洋的神，即是波賽頓。得以統治如此廣闊的世界，可見擁有超級的神力。他所擅長使用的武器「三叉戟」，足以引發撼動世界的巨大地震，其震撼力不僅止於海洋，甚至波及陸地。他的神力絕不輸給弟弟宙斯，因此眾神皆避之唯恐不及！

而且，波賽頓既無耐心又暴躁，再加上個性偏執，屢屢讓人類備嘗苦頭。

例如，希臘以南的衣索比亞王妃卡西俄珀亞，誇口說：「我的美貌更勝海洋女神！」爲此勃然大怒的波賽頓，派遣海獸肆虐衣索比亞（後來出於其他原因，衣索比亞才不至於亡國）。

另外，波賽頓的孩子巨人波利菲莫斯遭到英雄奧德修斯襲擊，被弄瞎

POSEIDON

眼睛時，發怒的波賽頓於是不斷阻撓奧德修斯在海上航行，迫使他顛沛十年都回不了家。

感覺，這個波賽頓果然不是好惹的啊。

超瘋狂Point!

拜託動物解決問題！

閱讀至此的大家，是不是開始討厭波賽頓了？爲了提升他的好感度!?

檔案 2

就再說個故事吧。

其實，波賽頓可說是希臘神話中首屈一指的動物專家，他是靠著動物牽紅線，才得以與妻子結婚的。

話說，波賽頓初見到海洋女神安菲屈蒂，簡直一見鍾情♡。爲之神魂顛倒的波賽頓，既沒有營造出「我愛你，跟我結婚吧」的氛圍，也無動人的結婚宣言，只是想強行將人帶走！

從安菲屈蒂的角度來看，根本就是「什麼嘛，這個人完全不可理喻……」。備受波賽頓糾纏的安菲屈蒂，隨即消失蹤影，讓波賽頓苦尋卻依然找尋不到其芳蹤……。

於是，他靈機一動，何不派遣海洋裡最聰明的動物海豚去尋找呢？

結果，有一隻海豚不知用了什麼方法，竟找到了安菲屈蒂，而且還說

POSEIDON

服她去到了波賽頓的宮殿。

這就是波賽頓得以締結婚姻的由來。果然是差遣海豚的高手啊！當然，也只有神才指揮得了動物啊。

檔案 NO.3

媽媽連續陣痛了九天，才生下他……

音樂之神阿波羅，是眾神之王宙斯與泰坦神族的女神勒托之子。想當然耳，這件事依舊惹怒了宙斯的妻子赫拉。

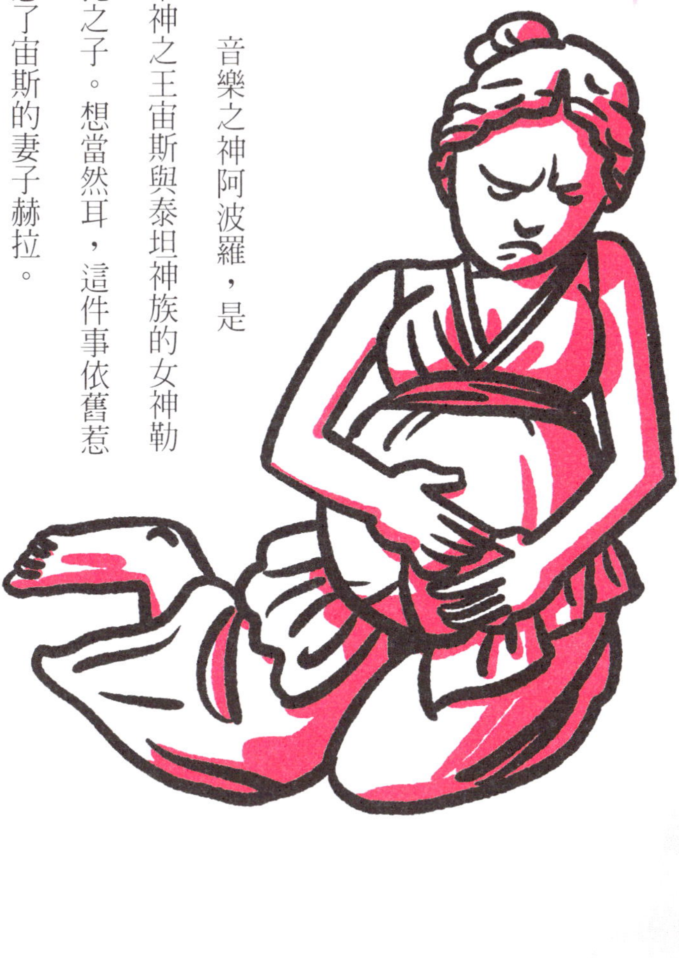

阿波羅即將誕生之際，赫拉也百

檔案 3

阿波羅

阿波羅 APOLLO	
種類	神
特徵	弓箭、藝術、預言、音樂一類的神
屬性	奧林帕斯12神
雙親	父 宙斯 母 勒托

般阻撓，更展開了「世界所到之處，都非產子之地」的大作戰。

赫拉到處施壓，命令「不准讓勒托安產」。此舉看似了無新意，事實上卻逼得人走投無路。勒托爲尋安產之地，不得不到處流浪……。最後僅有位於愛琴海的提洛島，基於同情，提供了安產之地。

接著，赫拉又使出拖延助產女神埃雷圖亞的作戰計畫，像是故意跟對方聊一些八卦以拖延時間等等。這個辦法同樣了無新意，卻十分奏效。

畢竟沒有了助產女神，也無法安產。由於赫拉的計謀，勒托的陣痛持續了九天九夜。「啊！要生了！」的狀態持續近十天之久，對孕婦來說是多麼痛苦的事啊。而最後，勒托熬過種種阻礙，生下了阿波羅。

超瘋狂 Point!

不順的只有戀愛？
求愛不成，
竟引發超傻眼結局！

在如此的波折之下誕生的阿波羅，其實與女神阿提密斯是雙胞胎，兩人都擅長使用弓箭，任何動物都難逃他們的箭下。

阿波羅既是「音樂之神」也是「醫術之神」，同時又是「哲學之神」「理性之神」「光明之神」，總之是擁有眾多才能的多方位之神。不僅聰明又兼具藝術才能，也是弓箭高手，甚至還有預言能力，簡直是萬能之神。

但是，做什麼都得心應手的阿波羅，還是有不順的事，那就是「戀愛」。

從希臘望向愛琴海，海的對岸即是特洛伊王國，阿波羅愛上了該國的美麗公主卡珊德拉，甚至不惜賜予她預言的能力。

不過，得知公主並不接受自己的愛意時，阿波羅爲之大怒！

原有的愛意也急轉直下，竟對公主施以「說出的預言永遠不被任何人

相信」的詛咒。因此，儘管卡珊德拉發出「特洛伊將分崩離析」的預言，也無人相信，之後，特洛伊王國果然遭到希臘軍隊的滅亡。僅因不接受阿波羅的告白，便遭致滅國的命運，實在是太狠了啊！

如此這般的阿波羅，也曾愛上美少年雅辛托斯。

他們一起嬉戲丟擲鐵

檔案 3

餅，看來這段戀愛就要修成正果了。

然而某日，阿波羅丟擲鐵餅時，不幸擊中了雅辛托斯，雅辛托斯竟當場死亡。哎呀，你不能小心一點嗎……？

因摯愛之死而傷心欲絕的阿波羅，遂將雅辛托斯變成花朵，並賦予悲傷的花語，據說那花朵就是「風信子」。

檔案 NO.4

看似心胸寬大，其實小肚雞腸

希栢利 CYBELE

DATA

種類	神
特徵	大地的女神
雙親	父 烏拉諾斯 母 蓋亞

希栢利

檔案
●●●●●
4

希栢利是豐沃大地的女神，又稱爲「地母神」「眾神的偉大母親」。當時的人類世界，若種植不出充足的稻米或蔬菜，就會陷入飢荒。因此，人們拚命祈求希栢利，請她賜予豐收，讓大地回春。

希栢利出現的樣貌多半是，頭戴高塔狀的王冠，乘坐在兩頭獅子拖曳的戰車上。從外表看來，既有威嚴又値得信賴。

漸漸的，人們心中最崇拜的女神，無疑就是希栢利了。

「她肯定是能包容一切、又心胸寬大的女神啊！」

如果那麼想，可就是大錯特錯了啊。因爲無論身處於任何時代，越是備受鍾愛的女神，越懷有高傲的自尊。某位青年也因做了某件事，讓希栢利怒不可遏。

超瘋狂Point!

嫉妒心來到了極點，釀成大悲劇！

被人所喜歡，的確是開心的事。相反的，若那個喜歡自己的人，突然轉移注意力，又喜歡上別人，肯定會備感失落。

神，也懷有同樣的情懷啊。

希栢利鍾愛年輕英俊的美少年阿提斯，他也看似愛著希栢利。儘管如

檔案 4

此，某日，阿提斯仍然移情別戀，愛上了精靈。

知情後的希栢利，自尊備受打擊。

大怒下，她竟砍斷精靈棲息的樹木！但仍無法澆熄怒氣，繼而想報復阿提斯。

她讓阿提斯發瘋，卻沒想到演變成可怕的結局……。

最後，阿提斯竟割

掉自己的雞雞（！），也因此斷送了性命。

「什麼！怎麼會變成那樣……！」

那結局恐怕也不是希栢利所能預料到的，她只不過是因爲愛人移情別戀，陷入自憐自哀的情結罷了。

明明只是那麼單純的動機而已啊……。

希栢利把阿提斯變成了松樹，天天在樹旁哭泣。日復一日，松樹竟流出血，在希栢利的腳畔開出了紫堇花。

或許是受到希栢利如此人性化的一面吸引吧，位於現今土耳其中西部的弗里吉亞（Phrygia），當地人們崇拜希栢利女神，後來就連古希臘或古羅馬也有了崇拜希栢利的習俗。其中，還有人仿效阿提斯閹割了自己的雞雞，從此以女性的身分活在世上。天啊，太瘋狂了……。

檔案 NO.5

自己推的偶像，自己來雕刻

「好噁心，超討厭女人，我才不要結婚！」

地中海的賽普勒斯島國王比馬龍，極討厭女人。由於島上遍尋不到他理想中的女性，因而失望透頂，甚至決定「既然這個世界上沒有我理

比馬龍 PYGMALION

DATA

種類　人類

特徵　雕刻家、賽普勒斯島的國王

比馬龍

想中的女性，還不如單身一輩子算了！」

另外，比馬龍也是技術卓越的雕刻家。

「既然理想的女性不存在，我就自己雕刻出來！」於是比馬龍取來象牙，開始雕刻心中的理想女性……換言之，就是自己推的偶像，自己雕刻出來。

完成後，比馬龍愛上了自己的作品，畢竟那是百分之百參照自己喜好而雕刻的。不僅如此，每個看過的人都覺得那是世間最完美的大傑作。

超瘋狂Point!

愛上自己的雕刻物又何妨，只因為，就是喜歡啊！

比馬龍後來發生什麼事了呢?他完成了如此完美的雕刻，更是日日不厭煩地看著自己的雕刻品，最後竟發現「咦?我好像愛上……♡」。

有人說「戀愛時眼中只有情人」，所以就算旁人如何議論，他根本也不在乎。

PYGMALION

比馬龍給自己推的偶像雕刻取名爲「伽拉忒亞」（這種程度好像還好），意指「擁有乳白肌膚的人」，然後每天跟她說話（這種程度也還好），或是親吻與擁抱（這種程度……勉強可以接受啦），或是送禮物給她（咦？），或是同眠共枕（驚！），就那樣，比馬龍的行爲舉止越來越離譜了！

終於，他許下了「啊……希望伽拉忒亞變成人」的荒唐願望。

但是啊！別忘了，這可是超瘋狂的希臘神話世界啊。基本上，發生任何事都不奇怪。所以閱讀至此，想必大家也做好心理準備了。

比馬龍在祭祀阿芙羅黛蒂的儀式上，許下了心願。那個儀式是爲了祭祀愛神阿芙羅黛蒂，是賽普勒斯島的盛大慶典。身爲島國國王，比馬龍本該擔任無私的主祀者，卻趁機祈求把伽拉忒亞變成人（身爲國王，可以這樣做嗎？）。

沒想到女神立刻回應，要求比馬龍必須親吻伽拉忒亞。

焦急趕回家的比馬龍，立刻親吻了雕像！沒想到，原本冰硬雪白的雕像，竟變成了柔軟溫暖且帶有血色的肉體！是的，由於阿芙羅黛蒂的神力，雕像擁有了生命。這件事也說明，未來會發生什麼事都是不可預期的，所以不要一開始就認定不可行。凡事懷抱願望才會達成，凡事去做了才能辦得到啊。

PYGMALION

檔案 5

而後，比馬龍與他理想中的對象伽拉忒亞結婚，還生下了小孩。爲了感謝女神賜予的幸福，他在各處神殿設置阿芙羅黛蒂像，想必阿芙羅黛蒂也備感欣慰。

原本看來有些怪誕、有些癡癲的故事，最終還是迎向皆大歡喜的幸福結局。

檔案 NO.6

愛談多角戀的女神，竟愛上了人類！

艾奧斯 EOS

DATA

種類	神
特徵	黎明的女神
雙親	父 許珀里翁（泰坦神族） 母 特亞（泰坦神族）

艾奧斯

檔案 6

夏天，不時傳來吵雜的蟬鳴聲。

是不是有時忍不住想大喊，吵死了，爲何亂吵亂叫的……。

但是，那鳴叫聲其實是雄蟬拚了命對雌蟬表達愛意的宣言，若把蟬鳴聲換作人類的語言，恐怕是「我愛你啊～，拜託啊～，跟我結婚啊～」。如此吵鬧的鳴叫，無不是爲了彰顯自己的能力。

咦，怎麼突然變成「生物雜學」了，不是的，請大家放心，接下來要說的故事還是與希臘神話有關。

本篇的主角是女神艾奧斯。

她又稱爲「黎明的女神」，每天呼喚著「夜晚的時間結束了喔～」或「太陽要出來了喔～」，然後讓天空漸漸染上明亮的曙色（帶著橘黃的粉色），是宣告黎明到來的神。

感覺是一位清純又賢淑的女神吧？

其實，這位女神的性格自由奔放，已經不是愛談戀愛而已，分明是超級多角的戀愛體質（感覺上，她喜歡的是談戀愛的氛圍）。儘管與丈夫星空之神阿斯特拉歐斯已生下了四個孩子，依然擁有多位情人，是超愛戀愛的女神（女版的宙斯？）。

某日，她迷戀上特洛伊王國的英俊王子提托諾斯，難分難捨之下，竟把他帶到自己居住的衣索比亞王國，讓他成爲自己的第二位丈夫！太猛了啊！而且，沒想到阿斯特拉歐斯竟也同意。

超瘋狂Point!

艾奧斯的一不小心，演變成超瘋狂戀愛！

但有個問題，提托諾斯是人類，與艾奧斯不是同屬於神階級，所以提托諾斯終將死去……。對於擁有永恆生命的神來說，人類的生命猶如一瞬。

爲此，艾奧斯請求宙斯賜予自己「可以永遠與提托諾斯在一起」，換言之，就是祈求提托諾斯長生不死。

終究是幸福的結局啊……，閱讀至此，或許有人爲艾奧斯鬆了一口氣，但是，恐怕也有人察覺不對勁。是的，那個祈求似乎少了些什麼。因爲提托諾斯得以不死，卻沒有「不老」啊。

也因爲如此，艾奧斯永保年輕，而提托

諾斯卻不斷衰老。原本英俊的年輕人，最後變成了布滿皺紋的老人……，不過艾奧斯依然守護著摯愛的提托諾斯。

終於，提托諾斯的身體變得乾癟，手腳也無法動彈……卻因爲不死，還是死不了！不知是幸還是不幸，僅有聲音是靈活的，也還能說話，遂不斷對艾奧斯訴說愛意。但越是如此，反倒讓人難受！

果然連艾奧斯也難以忍受，便把提托諾斯變成了蟬。

故事好不容易才終於得以結束。

如今，雄蟬吵鬧地向雌蟬求愛的聲音，或許正是提托諾斯在對艾奧斯滔滔不絕地訴說愛意吧。

檔案 NO.7

因為抽籤，
而被指派掌管死者的王國

黑帝斯 HADES

DATA

種類	神
特徵	支配冥界，與波賽頓、宙斯為兄弟
雙親	父 克洛諾斯 母 瑞亞

黑帝斯

檔案 7

死者的靈魂抵達之處，即是「冥界」，而掌管冥界的神就是黑帝斯。感覺是一位陰森森的神，其實，黑帝斯並不是自願擔任冥界之神的。黑帝斯與波賽頓、宙斯為三兄弟，三人抽了籤，結果由黑帝斯擔任掌管死者王國之責。

也因此，黑帝斯成為了冥界之王，負責管理死後的世界。此工作需肩負重大的責任，又與死者相關，因此給人陰鬱的印象。

這個工作雖然看似是平凡無奇的抽籤決定，卻也意外符合黑帝斯的個性。

黑帝斯被指派成為地府的管理者後，幾乎就不曾去到天庭，因而也不像其他眾神那般胡搞瞎搞，全然埋首於工作。

自從掌管冥界之後，順理成章的，黑帝斯也被排除於奧林帕斯眾神

（奧林帕斯眾神必須居住在奧林帕斯山）之外，然而他並不以爲意。

那樣的黑帝斯，卻在偶爾溜出地府時，竟猶如被雷劈到，陷入了熾熱的戀愛之中。

某日，黑帝斯騎著馬，看見在花叢裡的宙斯之女普西芬尼，一見鍾情！也未問過對方的心意，便一心一意想娶普西芬尼為妻。

明明才剛見過面而已……。就像是，越是認真老實類型的人，越容易暴走啊，神與人類也毫無差異。最後，黑帝斯就強行把普西芬尼帶到冥界了（！）。他的求愛方式真的很極端啊！

簡直就是誘拐嘛，但在冥界的黑帝斯非常疼愛普西芬尼。不過，仍然無法贏得普西芬尼的芳心……。畢竟是被擄走的，並非心甘情願。

「再這樣下去，我們也結不了婚啊……。」

面對冷淡的普西芬尼，焦急的黑帝斯又再度使出強迫手段。他見到普西芬尼餓腸轆轆，便拿出石榴給普西芬尼。不過，這可不是什麼友善的禮物，眾神之間有個不成文規定，「吃下冥界食物的人，終身必須留在冥界。」

所以他根本是設下圈套……。完全不知此規定的普西芬尼吃下了石榴，不得已只好留在冥界。也因爲如此，普西芬尼只好成爲黑帝斯的妻子。

咦，這種求愛手段果然超偏激的！看來平時個性一板一眼又認眞的人，談起戀愛的反差感果然不是在開玩笑的……。

檔案 NO.8

無論外遇多少次，永不承認！

宙斯的妻子赫拉爲了懲罰丈夫的外遇對象，甚至不惜動用可怕的怪物。

那是宙斯愛上伊俄時發生的事。伊俄，是赫拉神殿裡負責祭祀的人類，某日赫拉發現宙斯與伊俄幽會，儘管內心怒火難平，卻冷靜地問宙斯：「哎呀，眞巧，你在這裡做什麼啊！」

結果，慌張的宙斯竟不動聲色地把伊俄變成了牛，接著辯解：「沒什麼，我只是在看這隻牛。」

爲了懲罰宙斯，赫拉也假裝不以爲意，然

伊俄&赫拉

後說道：「既然是這麼好的一頭牛，那就送給我吧！」便把牛牽走了。

她心想，宙斯必然會追來，於是命令巨人阿耳戈斯監視變成了牛的伊俄，因爲巨人阿耳戈斯全身上下共有一百隻眼睛。赫拉果然防備周全，甚爲可怕……。

伊俄 IO

DATA

種類　人類

特徵　女祭司、宙斯的情人

超瘋狂Point!

赫拉就連悲憫時，也令人毛骨悚然……

宙斯當然想奪回變成牛的伊俄，但是阿耳戈斯的一百隻眼睛監視著「有無可疑動靜的傢伙」（就算睡著了，別處仍有眼睛睜著）。

就算宙斯擁有神力，要想躲過強力的監視，還是有困難，論到底，根本是不可能的任務啊。

不過，宙斯不喜歡輸的感覺，他苦思之後，終於找到了可以對付怪物阿耳戈斯的神。宙斯拜託的就是偷竊之神漢密斯。

漢密斯是個「明明是神、卻是小偷」的神奇之神（關於漢密斯，後面會談到），他的誕生是為了協助宙斯。來到這次，則被賦予了「除掉怪物阿耳戈斯」的任務。

於是漢密斯吹奏笛子，讓阿耳戈斯的一百隻眼睛全部昏昏欲睡而閉上。接著，漢密斯斬斷阿耳戈斯的頭，成功解救了伊俄。

被反將一軍的赫拉，再度使出不可思議的舉動。她對於阿耳戈斯的死非常哀傷，竟說道：「至少得讓這些眼睛留存於世啊！」

那麼，要如何讓一百隻眼睛留存於世呢……？原來，赫拉竟將阿耳戈斯的眼睛縫在孔雀的羽毛上。雖說此舉是出於悲傷難過，但認真一想倒也

是挺噁心的，況且這麼做真的算是悲憐嗎……？

下次去動物園時，大家不妨留意一下孔雀的羽毛，必定會發現像眼睛的圖案。

果然是赫拉啊，就連悲憫時，也令人毛骨悚然。

希臘在哪裡？

大家都聽過「希臘」這個國名，但究竟在哪裡，恐怕很難回答吧。它其實是位在歐洲以南、巴爾幹半島的東南部，是個由諸多島嶼組成的國家。

奧林帕斯山

標高兩千九百一十七公尺，是希臘最高的山。由於高聳得像直達天界，所以被認為是奧林帕斯眾神居住的地方。

特洛伊

是位於愛琴海的東北、土耳其共和國西部的都市，又稱為伊利昂（Ilion）。希臘神話裡，長達十年的特洛伊戰爭就發生於此。

雅典衛城

戰略女神雅典娜的神殿，著名的「帕德嫩神殿」就在此，由雅典娜所掌管。

希臘神話的大概脈絡

「卡俄斯」（Chaos）即是
「混沌」，一切從這裡開始！

卡俄斯

蓋亞

烏拉諾斯

推翻父親！

克洛諾斯

歷經十年的泰坦戰爭

宙斯勝利

宙斯

專欄

希臘神話的起源

統治世界的三兄弟

我是冥界！
我是海洋！
我是天地！
黑帝斯
波賽頓
宙斯

希臘神話從萬物混亂的「卡俄斯」（Chaos）開始，「大地女神」蓋亞由此誕生，並產下「天空之神」烏拉諾斯。蓋亞與烏拉諾斯結合，誕生了克洛諾斯等「泰坦神族」。而後，克洛諾斯推翻了父親烏拉諾斯，成為世界的統治者。同時也開啟了，克洛諾斯的孩子們宙斯等「奧林帕斯神族」，與泰坦神族之間，長達十年的大戰。最後，宙斯贏得勝利，揭開了奧林帕斯神族的時代！

神的順位區分

其實眾神之間，還是有順位區分的。最偉大的神，當然是宙斯等「奧林帕斯十二神」，在此之前，統治世界的是「泰坦神族」。除此之外，精靈或英雄等各種族也出現於希臘神話裡。

奧林帕斯十二神

基本上是由宙斯的兄妹、兒女們組成，只有阿芙蘿黛蒂是因為太美了，才被納入。

赫拉（頁86）

宙斯（頁14）

阿瑞斯（頁155）

波賽頓（頁20）

赫菲斯托斯（頁185）

雅典娜（頁66）

漢密斯（頁108）

阿波羅（頁25）

+赫斯提亞、狄蜜特、阿提密斯

除了在本書登場的眾神，宙斯的姊姊赫斯提亞、狄蜜特，宙斯的女兒阿提密斯，也居奧林帕斯十二神之列。

阿芙蘿黛蒂（頁167）

GOD'S ORDER

克洛諾斯（頁168）

泰坦神族

被奧林帕斯十二神推翻，如今居於第二位，由於神永遠不死，即使被推翻，依然常存。

＋克洛諾斯的手足

怪物神

神與神生下的孩子，有時也會出現怪物，最終難逃被關在幽暗地下、遭制伏等悲慘命運……。

獨眼巨人、
百臂巨人（頁163）

英雄神

神與人類所生的孩子稱為「英雄」，擁有比凡人更健碩的身體，多半強大且積極勇敢。

海克力斯（頁174）

GOD'S ORDER

CHAPTER 2

超瘋狂希臘神話

對付藐視神的人類

藐視神，嚴格說來是大忌！如果還有人企圖說神的壞話，有時甚至會遭到神的嚴厲懲罰。「既然是神，不是應該心胸寬大嗎……」寬大為懷，對希臘神話的眾神來說，根本是天方夜譚，他們隨時準備火力全開。

檔案 NO.9

劈開至高之神的腦袋，誕生而出！

雅典娜

雅典娜 ATHENA

DATA

種類	神
特徵	智慧與戰略的女神
屬性	奧林帕斯12神
雙親	父 宙斯 母 墨提斯

戰略女神雅典娜，是至高之神宙斯最寵愛的女兒。然而，那可不只是因爲，雅典娜這位女神在宙斯的眾多子女之中屬於超級優等生，也因爲雅典娜的「生母」可是宙斯本神啊。想必有人會質疑「宙斯，不是男的嗎？到底要怎麼生啊」，關於詳情，就請繼續讀下去。

首先，智慧女神墨提斯懷了宙斯的孩子，但因爲「這個孩子，將威脅到你的地位」的預言，讓宙斯非常害怕。

驚恐之餘，宙斯竟做出不可思議的舉動，他咕嚕吞下了墨提斯。

但是這個吞下的舉動，猶如一種一體化，墨提斯在宙斯的體內仍繼續活著。什麼，竟有這種事？而且，墨提斯腹中的小嬰兒也在宙斯體內漸漸長大。隨著越長越大，宙斯開始頭痛難耐，於是，割開了腦袋（什麼？太亂來了吧？）。結果，從腦袋跑出已經武裝好了的雅典娜。換言之，她的父親是宙斯，母親也是宙斯。

以如此瘋狂方式出生的女神，之後也超瘋狂的！

超瘋狂Point!

把神當白癡的傢伙，會遭到天譴！

在行爲偏激的希臘神話眾神之中，雅典娜算是兼具了典雅與知性的模範生……話雖如此，仍不能以人類的基準來看神啊。因爲神的自尊心超強，可是絕對不容許有蠻橫的人類或反抗者！眾神絕不原諒人的程度，已達到過激的程度！

而最能展現雅典娜個性的事件，又稱爲「阿拉克妮事件」。

在染織聞名的利底亞，少女阿拉克妮是編織的高手。她編織出的織物美麗非凡，人人無不交頭接耳地讚美感嘆：「這技術簡直神乎其技，莫非是來自雅典娜女神的傳授？」因爲，雅典娜可說是工藝的女神。

但是，聽聞了那些話的阿拉克妮可是滿腹不開心。

「這一切都是我自己鑽研得來的，關於編織的技術，我肯定比雅典娜女神還要厲害！是的，我的技術早就超越神了！」

說壞話時，可要防備偷聽的耳朵啊。雅典娜竟聽到了阿拉克妮的這番言論，遂化身成老婆婆，提醒對方應注意言行：「要謹守人類不可越矩的

界線啊，若誠心道歉，女神還是會原諒你的。」但阿拉克妮不免覺得這個老傢伙憑什麼多管閒事，甚至放肆地說：「不如與女神來場織物的比賽，好分出個勝負！」雅典娜聽聞，震驚得無言以對，立刻變回女神，隨即點燃編織高手暨工藝女神爲維護自尊而戰的火苗！果然是神展開啊！

神與人類各自編織完成的織畫，果然都精緻完美。雅典娜看了阿拉克妮的作品，儘管對方是人類又是對手，也不禁感佩其作品之精湛。不過仔細一看，阿拉克妮編織出來的作品卻不堪入目……，原來是，雅典娜的父親、至高之神宙斯化身成動物，正在勾引女人，換言之，阿拉克妮藉著畫作恥笑宙斯（哎呀，宙斯平時的作爲確實也眞的如畫作那般啊……）。

「不可原諒！給我好好懺悔。」

雅典娜撕毀了織布（太過分了，之一！），又拿起織布道具揮打阿拉克妮的頭（太過分了，之二！）。

阿拉克妮心想，「竟然打我，連我媽都不曾這樣打我！」實在難忍屈辱，遂準備上吊自殺。原來，她方才在女神面前裝得威風不可擋，其實身心狀態孱弱不堪。

檔案
9

雅典娜見狀，怒氣全消，反而不知所措地焦急起來……。

雅典娜隨即說道，「給我活下去，阿拉克妮，變成蜘蛛活下去吧。」從此，變成了蜘蛛的阿拉克妮，不斷吐出絲，編織出蜘蛛網的織物。話說回來，爲何是蜘蛛呢？與其說，最後雅典娜幫助了阿拉克妮，還不如說是讓她永遠活在痛苦中（太過分了，之三！）。

檔案 NO.10

那些吃下了
可疑果實、
不聽從命令的部下

檔案
10

奧德修斯

奧德修斯 ODYSSEUS

DATA

種類　英雄

特徵　特洛伊戰爭的英雄、伊塔卡島的國王

歷經長達十年的特洛伊戰爭之後，英雄奧德修斯與其部下啓程返回希臘的祖國，航程途中，船隻遭遇暴風，漂流到不知名的小島。

在那裡，奧德修斯的部下吃了當地人食用的蓮花樹果實，沒想到吃下以後的他們竟然說：「我們乾脆住在這座島上吧！」

原來那些部下所吃下的蓮花樹果實，是一種「吃了以後會忘卻一切，宛如在夢境中飄飄然」的果實（感覺上，這果實擁有讓人不知身在何處的能力……）。

最後，奧德修斯死命地將部下們拖回船上，才終於得以啓程，踏上歸途。

超瘋狂Point!

暴走部下
就連神的話也不聽

奧德修斯被部下拖累，也不只那一回。

當他們抵達風神埃俄洛斯的島時，風神交給奧德修斯一個除了西風以外，其他的風都被封住的袋子，說：「這個袋口封住後，只會吹西風，如此一來，船就能平安抵達故鄉伊塔卡島了。」

眞是太好了！奧德修斯原以爲終於可以如願返鄉了，沒想到部下們再

度暴走。他們不相信袋子裡裝的只有風，硬是要打開袋子。

「爲什麼連神說的話都不願意相信呢！」

就在奧德修斯發飆時，一切已經無法挽回。霎時，暴風來襲，讓他們漂流到距離故鄉更遠的大海。哎呀，眞是不聽神明之言……。

不知爲何，明明是英雄的奧德修斯，卻總是被部下擺了一道……。

檔案 NO.11

樂器高手——馬西亞斯的笛子

馬西亞斯&阿波羅

DATA

半人半獸的神

特徵　帶有羊角、羊蹄、尾巴的薩提洛斯族

雙親　父　奧林波斯
　　　母　許阿格尼斯

在日語的諺語裡，有「狗出去溜達，也會被棒子打中」這樣一句話，夾雜著「一出門就招來厄運」與「一出門就招來好運」的正反意義。那麼，這句話若放在馬西亞斯身上，究竟是好事還是壞事呢，就請大家看下去吧。

馬西亞斯，是喜好歡樂酒宴的酒神戴奥尼索斯的好夥伴，他屬於半獸神的薩提洛斯族，喜好音樂，也擅長演奏樂器。

某天，馬西亞斯撿到一種名爲阿夫洛斯的笛子，造型很特別，由底部又分岔爲兩支。既喜歡音樂又是樂器高手的他，簡直是一出門就撿到好運。但是這支阿夫洛斯，可謂來歷了不得的樂器。

原來，它是工藝女神雅典娜所發明的，可以吹奏出極美的音色。樂器本身並沒有任何問題，問題是，某天，雅典娜心情愉悅地吹奏時，結婚女神赫拉、愛情與美麗的女神阿芙蘿黛蒂卻譏笑地說道，「你吹笛子時，臉鼓鼓的，看起來好怪啊，哈哈哈。」

由於這句風涼話，雅典娜氣得把阿夫洛斯丟掉，甚至詛咒道：「吹奏這支阿夫洛斯者，必遭來厄運！」（你丟都丟了，有必要如此嗎!?果然是希臘神話啊）。

毫不知情的馬西亞斯，立刻熟練了阿夫洛斯的吹奏方式，不停地吹吹的，聽到音樂的精靈們皆沉醉不已，「馬西亞斯的笛子，根本與音樂之神相匹配！」「世界第一的音樂家就是馬西亞斯啊！」

沒想到竟引來大家的大好評，讓馬西亞斯也開心得飄飄然。到目前為止看來，吹奏樂器而得到讚美，果然是一出手就招來好運。不過，那些大好評顯然是多餘的，因爲幸運僅到這裡爲止。

接下來，雅典娜的詛咒就要發威了……。

超瘋狂 Point!

只因撿到笛子，竟遭音樂之神超瘋狂懲罰

耳聞大家對馬西亞斯的讚美，被激怒的音樂之神阿波羅忍不住跑來了。

「誰才是世界第一的音樂家，今天就由我彈奏豎琴，你吹奏笛子，一

檔案 11

較勝負！」阿波羅說道，還附帶了「敗者，任由勝者處置」的條件。

而且，這場比賽的評審即是名爲繆思的藝術女神們。直至目前，一切都對馬西亞斯其實極爲不利，因爲繆思們是阿波羅手底下的神，她們可是站在阿波羅那邊的。

儘管勝負已相當明朗，卻也不能不戰，畢竟，不能反抗位居排行榜

MARSYAS & APOLLO

高位的神。

兩位的演奏果然都很精彩，完美到難分軒輊。馬西亞斯的演奏尤爲悅耳。

此時，阿波羅開始把豎琴倒著彈奏，並且一邊歌唱，然後令命馬西亞斯：「你也給我跟著這樣做！」超挑釁的（好幼稚啊），理所當然的，笛子根本無法倒著彈奏。

瞬間，馬西亞斯輸了……。阿波羅無視哭著求饒的馬西亞斯，用繩子綑綁住他，然後倒吊在樹上，接著——生剝他的皮（！），哎呀，太殘忍了啊！這是眞的嗎!?阿波羅簡直瘋了！

只不過撿到樂器，竟然遭到了阿波羅的對付，也讓馬西亞斯宛如從天堂掉到地獄。若以日語的那句諺語來說撿到阿夫洛斯的最後結局，不單只

是招來厄運，甚至喪失了性命。說來，還真是個悲慘的故事。

關於阿波羅，還有另一個頗相似的故事。

另一名主角則是畜牧之神潘，場景同樣是笛子比賽，由現今土耳其中西部佛里幾亞的邁達斯國王擔任裁判。結果由潘獲得勝利，再度激怒了阿波羅（咦？你又不認輸了!?）。

最後，阿波羅把邁達斯國王的耳朵變成驢耳朵——是的，邁達斯國王，就是童話故事《國王的耳朵是驢耳朵》中的那位國王。

語言來源的故事

希臘神話裡那些超瘋狂的故事，並不僅是遙遠的古老故事而已，令人意外的，竟還是與我們生活相關的事物或詞彙的源頭。

歐洲的語源，是宙斯的外遇!?

英國、法國或希臘等國家的所在地域稱為「歐洲」（Europe）。這個「Europe」的語源，其實與美麗的腓尼基公主歐羅巴（Europa）有關。宙斯愛上歐羅巴時，變身為白牛，讓歐羅巴騎在背上，領引其前往的地方就稱為（Europe）。

大音量的警報器即是源自希臘神話的怪物

希臘神話裡，除了頭是牛、身體是人類的怪物米諾陶洛斯，還有上半身是女人、下半身是鳥的怪物賽蓮（Siren），他們專門迷惑水手。而發生緊急事故時會發出高音頻聲響的「警報器」（siren），即是從怪物賽蓮衍生而來的詞彙。

神的名字也登上了宇宙！

第一次把人類送上月球的美國航太總署（Nasa）「阿波羅計畫」（The Apollo Program, Project Apollo），其名字即是源自藝術與智慧之神的阿波羅。

ETYMOLOGY

CHAPTER 3

超瘋狂希臘神話

不惜相互說謊欺騙

某一首日本童謠的一段歌詞是「說謊，就喝下千根針」，若真是這樣，希臘神話的眾神恐怕每天都要喝下千根針了。即使如此，他們還是天天臉不紅氣不喘地說謊，甚至相互欺騙。眾神說謊的理由從小事到大事都有，既然是神，肯定神力無邊，若要相互拚鬥起來也是相當壯烈的。

檔案 NO.12

對宙斯外遇零容忍的「結婚之神」

絶不原諒!!

赫拉

赫拉 HERA

DATA

種類	神
特徵	結婚之神、宙斯的妻子
屬性	奧林帕斯12神
雙親	父 克洛諾斯 母 瑞亞

宙斯的妻子赫拉，是結婚之神。

對於宙斯的外遇，赫拉總是顯得氣憤難耐，因爲她是嚴守婚姻正確性的結婚之神。哎呀，已婚者卻搞婚外情，就連凡人的我們也難以接受吧！

但面對婚外情，赫拉燃起的復仇心相當激烈，像是目睹宙斯將外遇對象伊俄變成牛時，故意差遣怪物去監視（頁５４）；使計讓懷了宙斯孩子的勒托，無法生產（頁２５）；讓宙斯與情人生下的海克力斯發瘋，進而殺了自己的妻子（頁１７６）……正義感如此強烈，一旦發怒不知會做出啥事，正是赫拉的風格啊。

不過，令人喪膽的赫拉，某次還是被丈夫宙斯擺了一道。

即是所謂的「趁熟睡搶走乳房事件」，結局更對宇宙起了莫大的影響。

超瘋狂Point!

從嬰兒時期就神力無窮！因而造就了「銀河」

事實上，赫拉的母乳擁有「喝了，可以獲得神力」的法力。看上這個特點、且想加以利用的，正是她的丈夫宙斯。

當時，宙斯的孩子誕生，名爲海克力斯。

宙斯心想，「得讓這個孩子變得強大啊」，於是興起了讓海克力斯喝到赫拉的母乳之念頭。然而，問題是，海克力斯雖是宙斯的孩子，卻不是赫拉的孩子。換言之，海克力斯是宙斯與外遇對象生下的孩子。宙斯，簡直就是學不乖的男子。

若強行帶小孩去見赫拉，並要求餵育母乳，赫拉想必會殺了小孩……，赫拉有多可怕，身爲丈夫的宙斯當然再了解也不過。

然而，宙斯還是無法放棄讓小孩變得強大的念頭，左思右想，最後靈機一動。

宙斯趁著赫拉毫無防備的熟睡之際，偷偷讓海克力斯吸赫拉的母乳……。

毫不知情的赫拉，突然醒了過來，大吃一驚，胸前竟有小嬰兒在吸自己的乳房。

「哪來的小孩！而且還吸得這麼用力，痛死我了！」

赫拉丟開小嬰兒，乳汁頓時飛濺而出，據說就此變成了懸掛在天空的「銀河」，而銀河的英語是「奶路」（Milky Way），即是由此而來。

宙斯的行爲固然亂搞一通，不過，嬰兒時期的海克力斯確實即擁有

強大的力量啊。夏天，抬頭眺望夜空時，若看到了銀河，不要忘記是宙斯與赫拉的傑作啊。

HERA

檔案 NO.13

欺騙冥界之王，以重返人間

身爲人類的薛西弗斯，竟說謊欺騙了神。這個故事也是超瘋狂的。

話說，某日，河神阿索波斯正在找尋他的女兒。目睹宙斯擄走河神女兒的薛西弗斯，卻以「如果你能讓已乾涸的泉水再度湧出水來，我就告訴你」做爲交換條件，才願意把事實的眞相告訴河神。看來，薛西弗斯眞是個狡猾的傢伙啊。

薛西弗斯的密告之舉惹怒了宙斯，宙斯決定送薛西弗斯到「冥界」

薛西弗斯

（死後的世界）。但是，薛西弗斯事先已經知道了自己將被送往冥界（好厲害啊）。他命令妻子：「絕不要爲我辦喪禮。」究竟是一道什麼奇怪的命令……，不過那正是薛西弗斯的計謀。

依計畫被送往冥界的薛西弗斯，對著冥界之王黑帝斯抱怨，「我想好好懲罰沒有爲我辦喪禮的妻子，拜託你讓我重返人間一次吧！」

明明是自己不要辦喪禮的，卻以這樣的理由要求重返人間，果然是個狡猾的傢伙。

SISYPHUS

DATA

薛西弗斯 SISYPHUS

種類　人類

特徵　科林斯國王

重返人間的薛西弗斯不僅重享自由，大啖美食，也與眾多美女共度時光。沒把神放在眼裡的男人，除了薛西弗斯之外，果然，沒有別人了啊。

超瘋狂 Point!

欺騙神，可不會有什麼好下場！

然而，被騙的黑帝斯可不善罷甘休。他與宙斯商量，決定逮到薛西弗斯，再把他推入冥界最下層的塔耳塔洛斯。

檔案 13

在那裡，必須接受「將大岩石推上陡峭斜坡」的懲罰。這個懲罰最駭人之處是，以爲終於把岩石推上去了，岩石必然又會滾落回原處，可說非常折磨人的心智……。

以爲巧妙騙過了神的薛西弗斯，便從此永遠承受著乏味又充滿痛苦的懲罰。

而薛西弗斯的哥哥薩爾摩紐斯，也同樣被推入塔耳塔洛斯，據說，他是因爲要求了人們要如崇拜宙斯般地崇拜他。果然是哥倆好呀，都做了不該對神做的事……。

SISYPHUS

檔案 NO.14

永遠扛著天空，好辛苦啊！

DATA

阿特拉斯 ATLAS

種類	神
特徵	巨人神
屬性	泰坦神族的後代
雙親	父 伊阿珀托斯（泰坦神族） 母 克里夢妮（泰坦神族的後代）

阿特拉斯

巨人神阿特拉斯，是在神話世界的西方盡頭永遠扛著天空的神。是的，就是我們頭上的那片天空。

天空超重，而且要扛二十四個小時，當然很辛苦。但是，為何要做這麼累的事呢？莫非他是受虐狂？或是某一種修行？答案以上皆非，其實他是受到了懲罰。

話說，阿特拉斯是眾神戰爭——泰坦之戰（頁168）的戰敗之神。他的同伴都受到遭關閉在地底深處的懲罰。而阿特拉斯由於體型巨大且力壯，於是被罰「扛起天空，不要讓它掉下來」。（大家可不要問這些問題呀，像是，阿特拉斯扛天空以前，天空怎麼沒有掉下來？或是，天空是個可以扛得起來的物體嗎？）

總之，接下來的故事是，有個人來到了扛起天空的阿特拉斯身邊，那

ATLAS

就是英雄海克力斯。

海克力斯效力於高度文明之國邁錫尼的國王，授命尋找「金蘋果」。

他來到了阿特拉斯身邊，是因爲只有阿特拉斯知曉如何獲取金蘋果。

超瘋狂Point!

你騙我我騙你之扛天空大作戰

爲什麼只有阿特拉斯知曉如何獲取金蘋果？理由有其來龍去脈。

檔案 14

結了金蘋果的果樹，栽種在人類不能踏入的地方，即是超神聖領域「赫斯佩里斯之園地」。並由三名女神守護著，未經她們的允許，誰也不能摘取金蘋果。然而，巨人神阿特拉斯可是她們的父親啊！什麼，竟然有這麼巧的事！

於是海克力斯拜託阿特拉斯，「想必你可以幫我摘到金蘋果吧？」阿特拉斯無奈說道，「但是沒辦法啊，我現在正遭受懲罰，在這裡動彈不得，沒法抽身。」

「那你去摘取時，我幫你扛一下天空吧。」

既然有人這麼提議，阿特拉斯就把天空交給了肌肉男海克力斯。

瞬間從痛苦懲罰中解脫的阿特拉斯，立刻去到赫斯佩里斯之園地，並且摘取了金蘋果。

此時，阿特拉斯不禁想到，若把金蘋果交給了海克力斯，自己又要繼續做扛天空的苦差事……！不，我現在總算自由了，哪裡都能去，我才不要繼續扛那個沉重的鬼東西！

於是他說：「海克力斯啊，我順便幫你把這個蘋果交給邁錫尼國王吧。」原來是想藉此把自己的苦差事，推給正在扛著天空的海克力斯。

聽聞此話的海克力斯也說道，「那眞是太好了，不過，我想調整一下扛天空的姿勢，可以先請你幫忙扶一下天空

嗎？」

以爲已經騙倒海克力斯的阿特拉斯，立刻接手扶住了天空，待回過神來一看……「什麼，人已經不見了！」不僅是海克力斯消失了，就連金蘋果也消失了，作戰計畫徹底被識破。這該說是阿特拉斯的騙人伎倆太糟了嗎……？

再順帶一提，十六世紀的地圖製作者麥卡托在他所製作的地圖集封面上，畫了阿特拉斯，從此以後，地圖集也稱爲「阿特拉斯」（Atlas）。

檔案 NO.15

心特別向著人類的神

話說，普羅米修斯可是人類的盟友，算是有一點怪怪的神（因為一般的神都會懲罰人類，偶爾才會站在人類這邊）。在希臘神話裡，被稱為「奧林帕斯十二神」的眾神皆頗富名望（宙斯即是其中之一），在此之前，則是由「泰坦神族」統治世界。而

普羅米修斯 PROMETHEUS

DATA

種類	神
特徵	人類的盟友、阿特拉泰坦神族的後代
雙親	父　伊阿珀托斯（泰坦神族） 母　克里夢妮（泰坦神族的後代）

普羅米修斯

普羅米修斯則屬於泰坦神族的後代。

輪到「奧林帕斯十二神」統治世界時，普羅米修斯已不在天庭，而是在塵世間生活，地位相當於人類。

有個知名的故事，是關於他和宙斯針對某個問題起了議論，當時他更是完全站在了人類這邊。

他與宙斯議論的是，「神與人類，該如何分配獸肉？」也許有人認爲「既然是神，把肉分給人類就好了……」，但是，神也想吃美味的肉啊。

依照普羅米修斯的想法，當然是希望讓人類吃到比較美味的肉，對人類來說簡直是「普羅米修斯大人最棒了」。爲了人類，普羅米修斯甚至不惜欺瞞宙斯。普羅米修斯的心意的確令人類感動，但是普羅米修斯啊，你這樣眞的沒問題嗎？

PROMETHEUS

超瘋狂
Point!
為了人類，
不惜盜取火！

普羅米修斯呈上了兩種肉給宙斯，一是「假裝以脂肪包裹的骨頭」，另一種是「假裝以皮包裹的

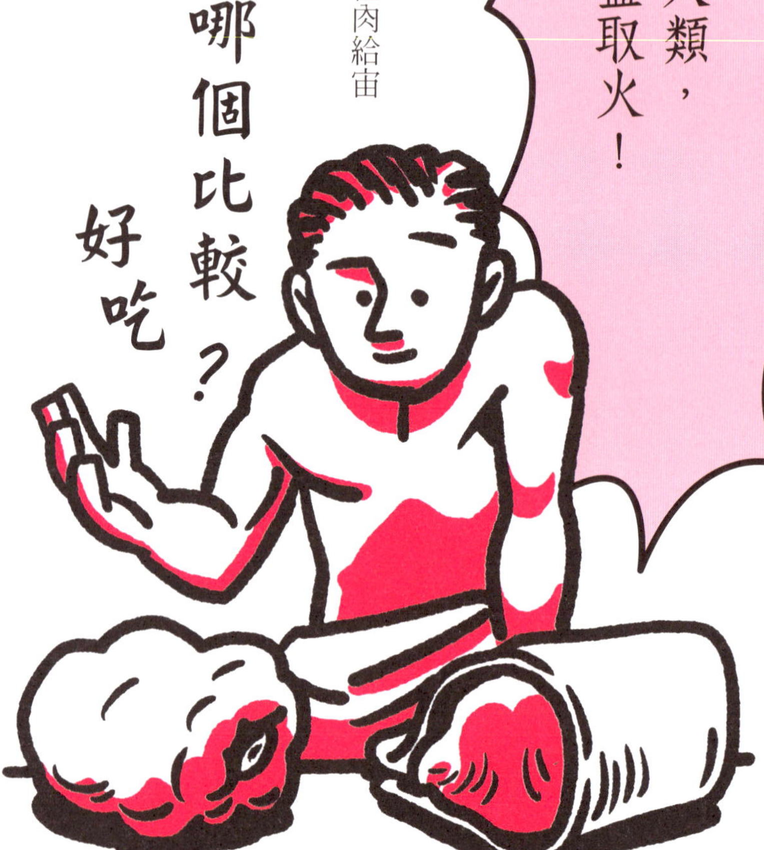
哪個比較好吃？

檔案 15

肉」。由於皮裡面是貨眞價實的肉，當然是第二種比較好，但普羅米修斯巧妙地以脂肪包裹住骨頭，使其外表看來更可口美味。最後，宙斯選擇了「假裝以脂肪包裹的骨頭」。

於是，在眾神的儀式中所獻上的獸肉竟是骨頭的部分，而人類卻吃到了肉的部分……。謝謝普羅米修斯！

被騙的宙斯，徹底氣炸了！決定不給人類「火」。

沒有火，就無法溫熱食物，寒冷時也無法取暖……。身爲人類盟友的普羅米修斯，當然於心不忍。（謝謝你一直站在我們這邊！）

他無論如何也要爲人類拿到火，於是去到火神赫菲斯托斯的處所，偷走了火種，然後賜給人類「火」。（眞是貼心！）

但是，普羅米修斯此舉更加激怒了宙斯……。

PROMETHEUS

「普羅米修斯，你必須接受殘酷的懲罰！」

在宙斯的指示下，普羅米修斯被綁在東方盡頭的高加索山的岩石上，忍受著老鷹啄食其內臟的痛苦懲罰……。

而且那些被啄爛的內臟，每天都會再藉由宙斯的神力復原，換言之，普羅米修斯必須日復一日且永永遠遠地體悟那種痛苦。普羅米修斯啊，你竟爲了人類而犧牲至此……。

此外，希臘神話與其他神話的不同之處，即是針對「人類是如何誕生的」問題，並未給出所謂的正確答案。

有人認爲「普羅米修斯以泥土與雨水創造出人類」，但有些地區則認爲「人類是由大地孕育而生」，不過，基本上，「打從最初，人類就存在了」即是希臘神話的概念。

希臘神話中的眾神之所以充滿了人性，或許也與這個「以人爲本」的世界觀有關吧。

檔案 NO.16

行事機靈，專為眾神傳達命令的神

漢密斯

漢密斯 HERMES

DATA

種類	神
特徵	偷竊的神、說謊的神
屬性	奧林帕斯12神
雙親	父 宙斯 母 邁亞

最強之神宙斯的么子，即是漢密斯。

宙斯的妻子雖是結婚之神赫拉，但她並不是漢密斯的生母。說到此，想必大家已明白了，他正是宙斯外遇對象的孩子。

宙斯瞞著赫拉，夜夜外出偷情，簡直就像小偷，於是遇見了女神邁亞……。在赫拉的「是不是跑去跟別的女人幽會」追問下，宙斯只好編出了滿滿的謊言。

漢密斯莫非是在這樣的情況下誕生，因此竟也兼具了偷竊與說謊的才能。

關於他偷竊的才能，是指他能偷偷潛入任何地方、而不會被發現。說謊的才能，則是指能言善道。宙斯尤其看重這些機靈敏捷的才能，於是差遣漢密斯爲他傳達命令給眾神。

HERMES

而且，漢密斯對宙斯非常忠心，凡是宙斯的命令，他都能使命必達，堪稱是工作效率一流的男子。

超瘋狂 Point!

爬出搖籃、偷牽走牛的嬰兒

因此，有漢密斯出場的故事，多半是使者的角色。不過，既然是最強之神宙斯的兒子，又具有偷竊與說謊的才能，當然也免不了有超瘋狂的一

面。

其中最廣爲人知的故事，即是他在出生的那天（！）竟然變成了偷牛大盜。

關於希臘神話的眾神，實在不能以人類的常理去思考。在眾神的世界裡，是有可能突然間長大成人的，或一出生即能言善道的。

是以，早上才剛出生的漢密斯，是可以突然會走路、會說話的。那天下午，漢密斯隨即爬出了搖籃，不知道是不是想試試自己偷竊的才能，於是他偷走了哥哥兼音樂之神阿波羅所飼養的五十頭牛。之後，又若無其事地回到家裡的搖籃，繼續睡午覺。

而且，漢密斯非常機靈，擔心若留下了牛的足印會被追查出行蹤，便故意讓牛倒退著走以混淆方向，他自己則穿上大拖鞋，徹底混淆了視聽。哎呀，怎麼有心機這麼深的嬰兒啊……。

阿波羅大怒，以占卜算出了犯人就是漢密斯，請求父親宙斯予以懲罰。

但是，漢密斯說：「不，父親大人、哥哥啊，我只是個剛出生的小嬰兒，怎麼可能偷竊，況且一個小嬰兒怎麼會說謊，又怎麼能牽牛走路！」

畢竟是如此狡猾的嬰兒啊……，想必阿波羅也難以信服，不過宙斯心裡肯定佩服不已（這傢伙太厲害了）。此時，漢密斯開始彈奏起豎琴（豎琴，是漢密斯發明的）。

什麼嘛，人家還在興師問罪……，但就連音樂之神阿波羅也不禁陶醉在那美妙的樂器聲中。

結局是，阿波羅以五十頭牛換得了那只豎琴，整件事才得以平息。如此巧妙地達成以物易物的交易，也讓漢密斯成爲了商業之神。

HERMES

檔案 NO.17

想結婚，就得賭上性命一決勝負

俄斯＆佩羅普斯

俄諾瑪

無論身處哪個時代，父母的內心總捨不得讓可愛的女兒出嫁。戰神阿瑞斯之子兼比薩（位於希臘南部）國王——俄諾瑪俄斯，也是如此。他的女兒波希達彌亞是絕世美女，前來求婚者絡繹不絕，但是，他實在太疼愛女兒了，不許女兒出嫁。

其實，俄諾瑪俄斯不允許女兒出嫁，還有另一個原因，或者這才是他加以阻撓的最主要原因，因爲神諭說：「國王將被公主的丈夫所殺害！」

也就是說，對國王來說，女兒的眾多求婚者之中，誰都有可能成爲女兒的丈夫，也就是將來會殺害自己的凶手。於是，他心生了先下手爲強的念頭，但若強行殺掉一眾求婚者，恐怕很難得到信服。

他遂對眾多的求婚者說：「能在戰車（由數匹馬牽引的馬車）比賽中贏過我的人，即可與我女兒結婚，但要是輸了，就必須斬首！」

OINOMAOS & PELOPS

檔案 17

佩羅普斯 PELOPS

DATA

種類 人類

特徵 斯比勒國的王子、受波賽頓的寵愛

若以爲「國王也可能輸，要是贏了，就可以與公主結婚」，那可就太天眞了。

因爲，國王的戰車可是其父戰神阿瑞斯所賜予的，有「不敗戰車」之稱。再加上有超級名駒牽引，而照顧那些馬匹的又是彌諾提洛斯，一名超專業的人類。這一切實在太狡猾了啊！

因此，許多求婚者淪爲被斬首的命運，戰車比賽堪稱是死亡比賽，難道還有人想來挑戰嗎？沒想到眞的有，那就是，斯比勒山麓的斯比勒國的王子佩羅普斯。

美男子佩羅普斯，深得喜歡俊男的海神波賽頓之寵愛。波賽頓把長有翅膀的馬與黃金戰車，送給了佩羅普斯。既然佩羅普斯也擁有神所賜予的戰車，感覺似乎有可能贏得比賽了。

而且最重要的是，波希達彌亞對佩羅普斯一見鍾情，雙方兩情相悅。

此時，俄諾瑪俄斯國王若不輸，實在令人頭疼啊！那麼，結果到底如何呢?!

超瘋狂Point!

比狡猾國王更狡猾的狡猾比賽

OINOMAOS & PELOPS

其實，佩羅普斯比狡猾的國王更狡猾。

他心想，既然要狡猾地作弊，就要做到底！於是，佩羅普斯去找了照料國王馬車的彌諾提洛斯，並以「若我贏了，會將比薩王國一半的土地分給你，請你在國王的戰車車輪動些手腳吧」爲誘因。如此一來，俄諾瑪俄斯國王與佩羅普斯王子的賭命戰車比賽（狡猾對狡猾）之結果，也可想而知了。

比賽中，奔馳在前頭的佩羅普斯的戰車，果然是出自海神波賽頓的手筆，就連國王的不敗戰車也難以追上。不願服輸的國王遂射箭，企圖攻擊佩羅普斯……，沒想到，車輪瞬間偏移，戰車失去了平衡，國王從戰車上墜落而死。沒想到作弊的代價，竟落得如此下場……。

勝利的佩羅普斯，果然如願與波希達彌亞結婚。這個結果也如同神的預言，「國王將被公主的丈夫所殺害！」

可惡的是，成爲國王的佩羅普斯並未按照約定，把一半的國家分給彌諾提洛斯，而是將他推入了大海予以殺害。不過，自古以來即有所謂的「因果輪迴」，爲惡必然招來壞事。

也或許是彌諾提洛斯的詛咒吧，佩羅普斯的子孫後代不斷發生血腥爭奪，最終走向了滅國的命運。

檔案 NO.18

竟把波賽頓
送來的牛偷偷藏起……

米諾斯

MINOS

米諾斯 MINOS

DATA

種類	神
特徵	克里特島的國王
雙親	父 宙斯 母 歐羅巴

在希臘神話裡，有個牛頭人身的怪物米諾陶洛斯，儘管外表詭異，卻是米諾斯這位青年欺騙神所衍生出來的異樣怪物……。

米諾斯，是宙斯與外遇對象、東方之國公主歐羅巴的孩子。宙斯把歐羅巴帶到愛琴海的克里特島後，即不負責任地一走了之（喂！）。被宙斯拋棄的歐羅巴帶著兒子米諾斯，嫁給了克里特島國王亞斯堤里翁，一同生活在島上。然而國王去世後，異父兄弟之間出現了王位的爭奪。

當時，米諾斯認爲自己才是國王的人選，於是祈求海神波賽頓證明，結果大海送來了一頭公牛。眾人無不震驚，因爲在宗教儀式上，牛，可是獻給神的珍貴動物。這麼說來，米諾斯果然是眞正的國王吧，也因爲如此，米諾斯如願當上了國王。

其實，那頭牛最終還是要歸還給神的，換言之，必須獻祭給大海。儘管如此，由於那頭牛實在太美麗了，米諾斯竟然捨不得歸還。

他偷偷換成了別的牛獻給波賽頓。哎呀，沒想到米諾斯竟然來這一招，神終究會識破的啊……。

不意外的，波賽頓發現了之後大怒。但怒氣沖天的波賽頓，不知爲何不懲罰米諾斯，反而懲罰了米諾斯的妻子。「既然這麼喜歡那頭牛，我就讓你們喜歡到底！」遂對米諾斯的妻子帕西菲施以喜歡上牛的詛咒，導致了不可置信的後果……。

超瘋狂Point!

竟正經八百地養育起怪物！

波賽頓的詛咒奏效了，全心全意愛慕著牛的帕西菲，甚至希望自己變成牛，這樣才能與牛相處融洽。於是，她拜託工匠代達洛斯製作牛的雕像，她自己則鑽進中空的銅牛像內，藉以與愛慕的牛結合（！）。

兩人，喔，不，是一人與一頭牛竟生下了孩子……，那個孩子即是

檔案
18

「牛頭人身」的怪物——米諾陶洛斯。

自己的妻子與牛生下了孩子，已經匪夷所思，還生下了不可思議的怪物，恐怕常人都會不惜下手殺掉怪物……。

但是，米諾斯卻正經八百地養育起米諾陶洛斯。米諾斯是那種連神都要欺瞞的男子，萬萬沒想到此時竟又負起責任來了……。

米諾陶洛斯越長大越凶殘，吃掉了許多少男、少女（！），如何加以制伏，也變成了極爲棘手之事。這該怎麼說呢，感覺越是正經嚴肅的人，好像越容易做出不可思議的事啊……。

檔案 NO.19

因母親粗心大意，讓孩子有了致命弱點

阿基里斯

阿基里斯 ACHILLES

DATA

種類　英雄

特徵　阿基里斯腱是弱點

雙親　父　佩琉斯
　　　母　特提斯

儘管神或人類都出現於希臘神話，但是兩者卻有極大的不同，那就是——神是不死之身，而人類終將死去。

不死的神與人類生下了英雄阿基里斯，他的母親是海之女神特提斯，父親則是人類佩琉斯。關於佩琉斯，其態度之謙虛連神都忍不住要愛護幫助。「這個孩子是人類與神所生的，不可能不死，終有一天，還是會死啊……。」

死亡對人類來說是理所當然的事，但女神特提斯是不死的，想到自己的小孩終將一死，不免難過。爲此，她決心偷偷帶著小嬰孩阿基里斯，去到冥界的斯堤克斯河，因爲聽說把嬰兒浸入河中，將會不死。

「這樣就不會死了喔，河水很冰冷，但忍耐一下。」特提斯一邊說，一邊把小嬰孩浸入河裡，但是她的手緊抓著小嬰孩的腳踝，以致腳跟的部分並未浸泡到河水。雖身爲女神，卻是個粗心大意的母親啊……！

爲此，腳跟的部分即變成了阿基里斯的弱點。一旦此處中箭，簡直就像直擊心臟，足以致死……。由此，腳跟的部分才稱爲「阿基里斯腱」。

超瘋狂Point!

儘管全知全能，還是害怕得要命的宙斯

英雄阿基里斯，在特洛伊戰爭英勇善戰的模樣，恐怕會讓宙斯驚覺

「自己的判斷是正確的……」。怎麼說呢，因爲阿基里斯的母親特提斯，原本是宙斯欲追求的對象，但女神泰美斯預言：「特提斯與宙斯所生的小孩，將會強大得勝過宙斯。」

什麼？比我還強大？這怎麼可以

檔案
19

呢……，宙斯害怕不已，就算是無所不能的神，聞言也隨之喪膽。

意外變得謹慎起來的宙斯，放棄追求特提斯，就是爲了避免特提斯生下的小孩強過自己，遂促使她與人類結婚。而萬中選一的對象，即是深受眾神所喜愛的人類佩琉斯。

結果，阿基里斯在特洛伊戰爭中，由於腳跟這處弱點中箭而喪了命。儘管如此，他的勇敢還是令人留下深刻印象。

如果他是宙斯的孩子，想必會強大得無人能敵吧，而且，世界恐將掀起大轉變吧……!?

ACHILLES

檔案 NO.20

配備超完美的英雄制伏怪物的故事

帕休斯

帕休斯 PERSEUS

DATA

種類　英雄
特徵　塞里福斯島的居民
雙親　父　宙斯
　　　母　達娜厄
　　　（阿爾戈斯王國的公主）

話說《桃太郎》，是從桃子裡誕生的桃太郎制伏了鬼怪的故事。儘管看似是正義滿滿的英雄故事，但在其他的故事版本中，鬼怪並沒有做任何壞事啊，然而桃太郎還是執意搶走鬼怪的寶物而歸。對此，福澤諭吉說道，簡直是豈有此理。

與《桃太郎》裡的鬼怪一樣，明明沒做什麼壞事卻遭制伏的怪物，也出現在希臘神話裡，那就是梅杜莎。制伏她的，是神與人類之子——英雄帕休斯。

故事就從頭說起吧，首先，帕休斯的母親達娜厄漂流到愛琴海的塞里福斯島，受到了該島國王的照顧。然而事實是，國王見到美麗的達娜厄，想占爲己有，才收容達娜厄母子。

國王心想，如果帕休斯不在了，與達娜厄結婚也就順理成章了。於是，暗中進行了狡猾的計畫。他先假意爲自己舉辦慶祝宴會，對著空手而來的帕休斯說：「你去取蛇髮女妖的首級來當作賀禮吧！」

蛇髮女妖，即頭髮爲蛇蠍的怪物三姊妹，誰與她們四目相接都會變成石頭。許多人都企圖制伏她們，卻無人能生還而歸，可說是相當可怕的怪物。

但是，帕休斯難以忍受國王的挑釁，立即回嘴：「我這就去取！」竟接下了制伏的任務。對一般人來說，這恐怕是大危機，然而神可是站在帕休斯這邊的，畢竟帕休斯的父親是至高之神宙斯啊！

帕休斯得到了宙斯的女兒兼戰略女神雅典娜如鏡子般的盾牌，又從宙斯的兒子兼偷竊之神漢密斯那裡拿到了金剛的鐮刀。另外，精靈送來了會飛的鞋子，以及可以隱身的帽子。如此一來，簡直擁有了百無一漏的配備。

接著，帕休斯又聽說，蛇髮女妖三姊妹中僅有梅杜莎是不死之身。這麼一來，唯一需要對付的只有梅杜莎了。於是，他隱起身來，並避免

與梅杜莎四目相對，藉著盾牌的映照，瞬間舉起鐮刀，斬下了她的首級……。就這樣，梅杜莎並沒有做什麼特別壞的事，便如同《桃太郎》裡的鬼怪那般被制伏了……。

超瘋狂Point!

英雄徹底活用遭他制伏的怪物首級

接下來，帕休斯竟然還不願意放過已死的梅杜莎。

由於梅杜莎擁有「與她對看者，會化爲石頭」的魔力，縱使僅剩下首級，魔力依然未消散。因此，帕休斯心生出「得好好加以利用」的念頭。

帕休斯在返回塞里福斯島的途中，拯救了遭受海神波賽頓懲罰的安朵美達，並與之結婚。然而，安朵美達已有未婚夫，遂率領大軍前來阻止他們結

婚。一人面對大軍進攻的帕休斯，隨即拿出梅杜莎的首級，讓安朵美達的未婚夫與大軍變成了石頭，終獲得勝利。

而後他回到塞里福斯島時，母親達娜厄被迫與國王結婚，婚禮進行之時，帕休斯混入其中，再度拿出梅杜莎的首級，讓國王及其家臣皆變成石頭，救出了母親。

最後，帕休斯將梅杜莎的首級獻給戰略女神雅典娜，從此懸掛在雅典娜的盾牌上。

閱讀至此，若感覺自己的臉上滲出了水，肯定不是害怕怪物梅杜莎所冒的冷汗，而是爲她難過的淚水啊。

太複雜了！希臘眾神的家譜

超瘋狂故事連發的希臘眾神，就連家譜也超狂的，總之就是超複雜。接下來，就以圖表整理出世界的起源、宙斯的誕生，以及宙斯又與誰生下了哪些孩子。

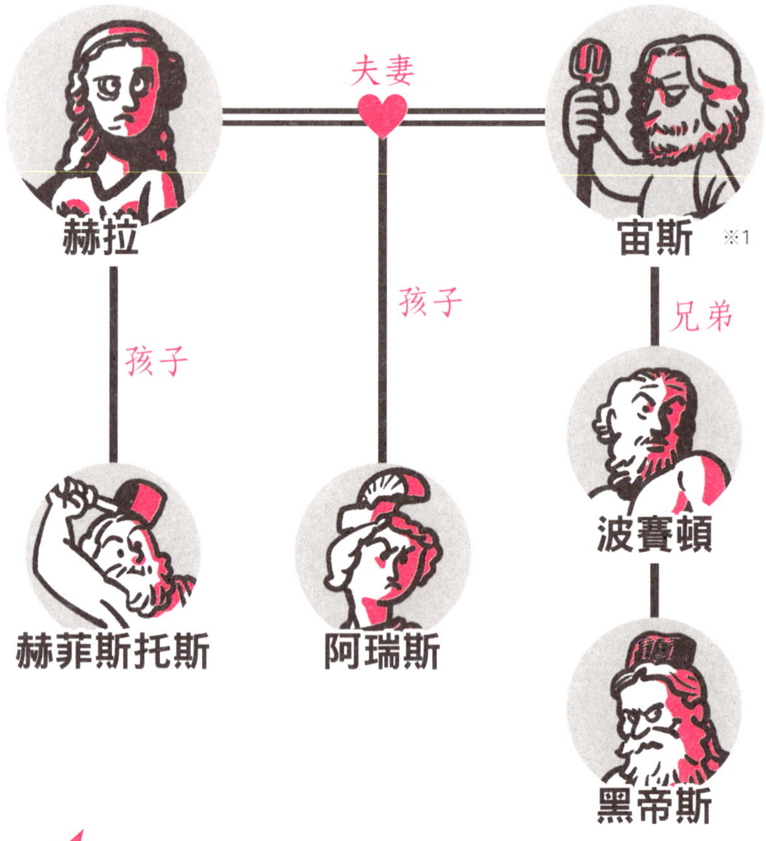

眾神的家譜

※1-1 雙親

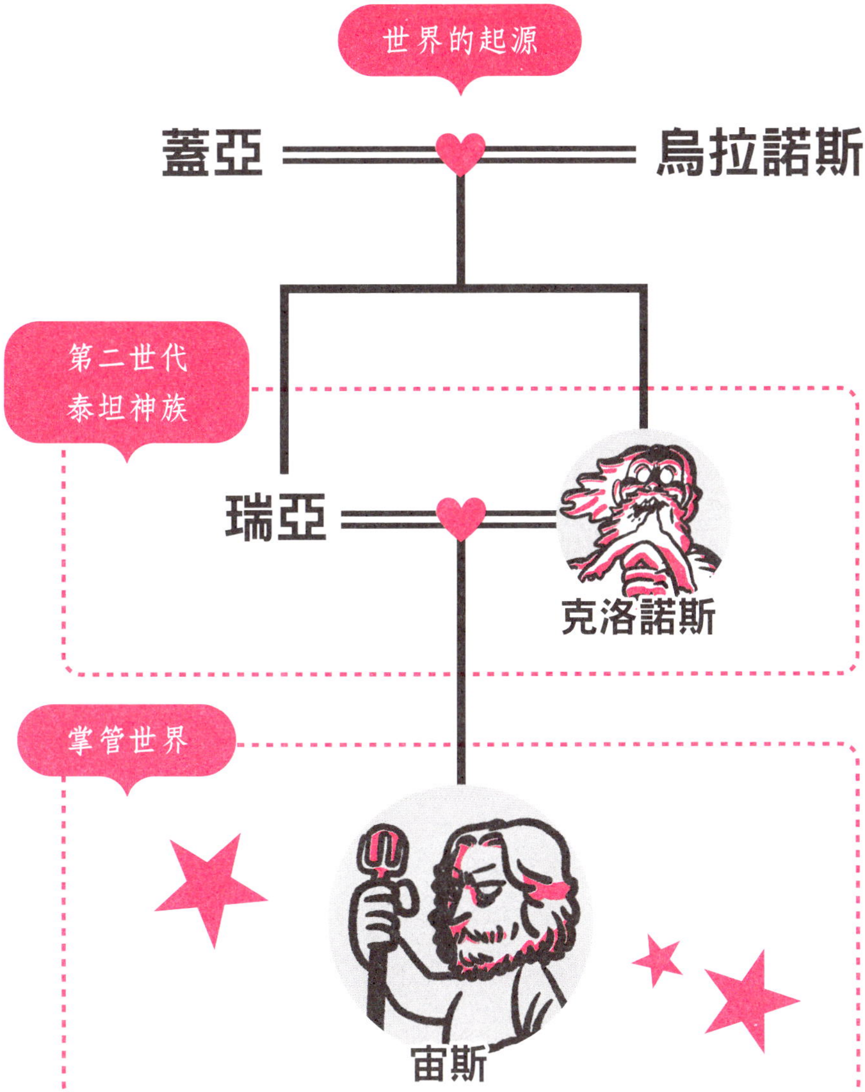
世界的起源
蓋亞
烏拉諾斯
第二世代
泰坦神族
瑞亞
克洛諾斯
掌管世界
宙斯

※1-2 情人

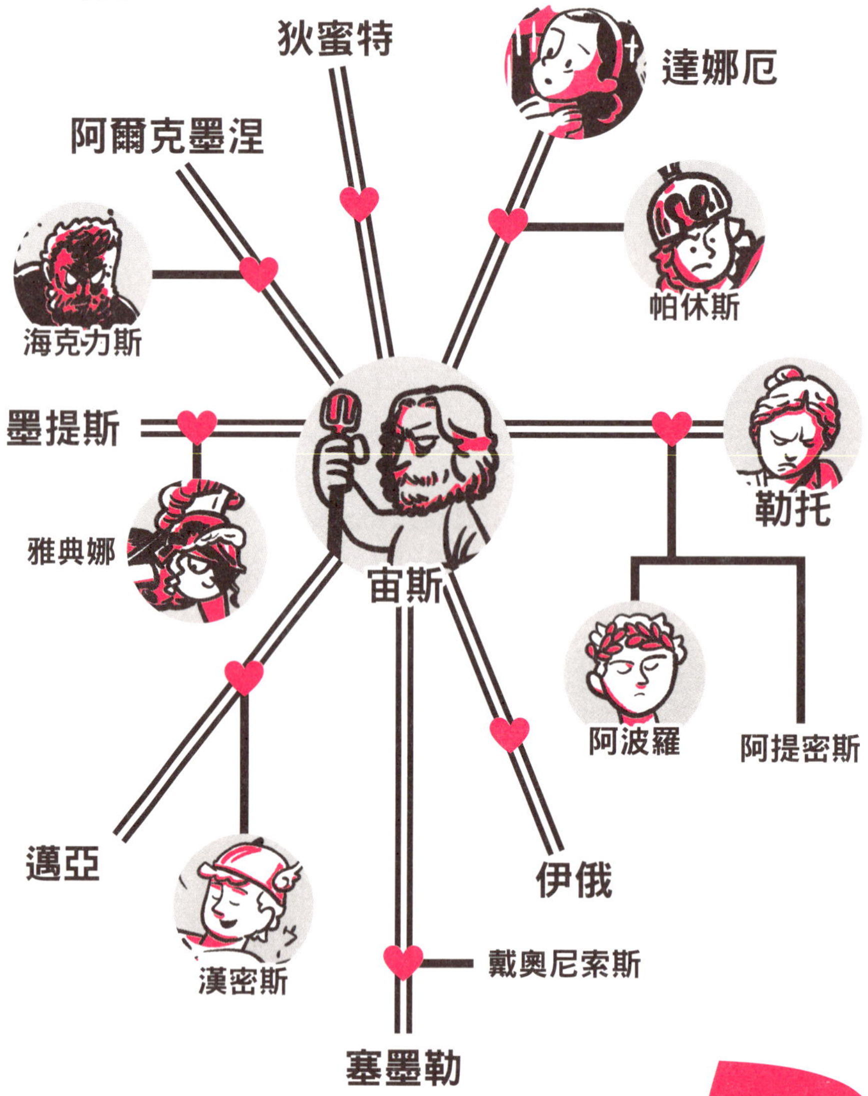

……族繁不及備載
所以不只這些喔……

CHAPTER 4

超瘋狂希臘神話

自大到忘形

想做去做就對了！想擁有充實的每一天，就要具備想做就做的熱情。但不知怎麼回事，無論神或人類，似乎又做得太超過。像是，充分展現了發明長才的人類代達洛斯，竟因嫉妒競爭對手而做出不可思議之事；或是，太陽神赫利歐斯過分溺愛孩子，因而引發了大悲劇……。

檔案 NO.21

希臘神話的
堂堂發明王，登場！

代達洛斯 DAIDALOS

DATA

種類　人類

特徵　天才發明家

代達洛斯

工匠代達洛斯，不論製造道具或建築都難不倒他，是希臘神話裡最具代表性的天才發明家。他在克里特島國王米諾斯之命令下，建造了軍艦、宛若眞牛的模型，甚至是迷宮。

另外，英雄忒休斯爲制伏怪物所進入的迷宮，乃至於如何從迷宮脫困的方法，也都是代達洛斯的「發明」，但也因爲如此，惹怒了養育怪物的米諾斯國王……。當然，代達洛斯既然知道自己會激怒米諾斯國王，也知道後果會讓自己身陷險境……，仍不惜將創意發明付諸實現，可見，發明就是他的一切啊！

爲此，代達洛斯與他的兒子伊卡洛斯一同被關進了迷宮。遭遇這等處境，一般人恐怕已絕望了，但代達洛斯腦筋一轉又想出了解套的方法。由於迷宮的最上層堆積了許多飛鳥掉落的羽毛，他便加以收集，再以蠟堅固

地黏著羽毛，製作出了翅膀。有了翅膀，即有機會展翅高飛而脫逃！

起飛之前，代達洛斯提醒兒子，「不要飛得太高。只用蠟加以凝固的翅膀，如果太接近太陽，太陽的熱力恐怕會把蠟融化。」

父子兩人展翅飛向天空，果然成功脫逃！不愧是優秀工匠代達洛斯啊！

然而，伊卡洛斯到底還是個少年，越飛越興奮，完全忘記父親的提醒，終致過於貼近太陽。（到底飛得多高啊？！）

黏著翅膀的蠟慢慢融化，最後從高空墜落，就那樣，伊卡洛斯墜入了大海而亡……。

爲此，代達洛斯悲痛萬分，不過，當時他若能在旁好好看著兒子，或許就不會招來悲劇了吧……。

超瘋狂 Point!

既是發明王，也是太過火大王不，根本是罪犯

由前面的故事可知，代達洛斯可是會飛翔的人類啊。但是他除了發明之外，對其他事物可說毫不關心。

檔案 21

而且，代達洛斯只要看到不是自己所發明的東西，立刻就會引爆激烈的情緒。

這也正是「驅逐出雅典事件」的導火線。

雅典，是彼時古希臘最繁華的大都市，而代達洛斯更是此地最有名望的發明家。

代達洛斯有個外甥，名叫塔洛斯，也是他的徒弟。有一天，塔洛斯看到魚骨，聯想到了可以切斷細小木頭的工具。

他心想，「如果以鐵鑄造，不就能切斷較粗的木頭了！」

由此發明了鋸子，且備受人們愛用，更被讚譽爲天才發明家。之後，塔洛斯更專注於發明，新的發明物不斷產生。身爲師父，理應爲徒弟的成就感到開心，但代達洛斯竟極爲嫉妒。

代達洛斯認爲，天才發明家只有一人，就是他自己。

最後，代達洛斯殺死了徒弟塔洛斯。什麼！未免也做得太過火了吧。

結局是，代達洛斯被驅逐出雅典，逃到了克里特島。

閱讀至此，怎麼有一種代達洛斯的人生被發明搞得團團轉的感覺呢？

DAIDALOS

檔案 NO.22

這位爸爸無法拒絕兒子的要求

&法厄同

太陽神赫利歐斯，是可以操控太陽運作的神。管理太陽的工作，可說是重責大任。但是，肩負此重責的赫利歐斯卻超級寵溺兒子法厄同，甚至招來了嚴重的後果……。

那是法厄同經歷長途旅行，終於回到宮殿後發生的事。赫利歐斯欣喜見到兒子，遂問：「兒子，你想要什麼，我可以實現你的願望。」

法厄同開心地要求，「爸爸，那，我想要駕駛太陽神的戰車。」但駕駛戰車是非常困難的事，赫利歐斯只得對兒子說：「駕駛戰車非常困難，就算你拜託最高的神宙斯，他也不會答應的，你還是換別的願望吧。」

可是，法厄同就是不聽，「人家就是想要駕駛看看嘛！」莫非，是想藉此向朋友炫耀自己是太陽神的兒子。

不行的事就是不行啊，原本以爲赫利歐斯會拒絕兒子，沒想到，最後他竟然答應了。咦，答應下來眞的沒問題嗎？

HELLOS & PHAETHON

DATA

法厄同 PHAETHON

種類　神
特徵　太陽神的兒子
雙親　父　赫利歐斯
　　　母　克里夢妮

赫利歐斯

檔案
22

超瘋狂 Point!

做爸爸的超寵溺兒子
導致世界陷入火海

法厄同終於達成了願望，開心地登上赫利歐斯的戰車，隨即啓動，卻完全不會操作……，而且戰車越來越無法控制，他不禁臉都綠了。

於是，法厄同乘著太陽的太陽神戰車大暴走，沿途所經過的山巒、原野皆起火燃燒，就連海洋、湖泊、河川的水也燒乾了，整個城鎮陷入火

海。

只是因爲寵溺兒子，沒想到事情演變至此……。

赫利歐斯與宙斯商量，最後只能使出閃電，將法厄同擊落。儘管解決的方法有些粗暴，也別無他法了。

被閃電擊落的法厄同，從戰車上

檔案 22

墜入河裡，隨即喪命。失去了兒子的赫利歐斯太過悲傷，鎮日掩面嘆息，因此有一段時間太陽不再出現，世界陷入了黑暗，清洗過的衣物也曬不乾……。

赫利歐斯明知那樣做是危險的，卻依然堅信自己的兒子不會出錯，導致差一點毀滅了世界，真可說是眾神之中的超級「白癡爸爸」。

檔案 NO.23

怪物與海神的孩子

佩加索斯，是背部長著翅膀、可以飛天的馬。英雄帕休斯斬斷梅杜莎的頭時（頁130），隨著血噴濺而出的，就是佩加索斯。

這，到底是怎麼一回事

佩加索斯 PEGASUS

DATA

種類　天馬
特徵　會飛的馬
雙親　父　波賽頓
　　　母　梅杜莎

佩加索斯

檔案 23

啊？其實，佩加索斯是梅杜莎的孩子，佩加索斯的父親是海神波賽頓。梅杜莎的背後長有翅膀，波賽頓是馬之神，佩加索斯的模樣則是繼承了雙親的特徵。

梅杜莎，原是神的女兒，長得非常美麗。波賽頓對她一見鍾情，忍不住起了色心，竟在戰略女神雅典娜的神殿強迫她與自己交好。

「你們到底在我的神聖神殿做什麼！」

做錯事的明明是波賽頓，雅典娜卻將怒氣發洩在梅杜莎身上，把梅杜莎變成了怪物。

當時梅杜莎已懷了佩加索斯。想想，如果梅杜莎是變成怪物之後才懷孕，也許佩加索斯也會變成怪物馬吧？

超瘋狂 Point!

驚嚇得奔馳到天上去了！

與佩加索斯相關的故事，最有名的就是制伏了獅頭、羊身、毒蛇尾巴，而且會噴火的怪物——奇美拉。

過去以來，企圖制伏奇美拉的人皆失敗而亡。因此，英雄貝勒羅豐前往制伏之前，日夜不斷地向戰略女神雅典娜祈禱。

最後，祈禱奏效，雅典娜把坐騎佩加索斯賜予了他，當奇美拉噴火攻

PEGASUS

擊時，貝勒羅豐得以在佩加索斯的協助之下翱翔於天空，從高空射箭，最終贏得了勝利。

但是，之後卻發生了大事故。原來，得勝的貝勒羅豐開始自滿得意，竟欲騎著佩加索斯飛入天庭，與眾神平起平坐。最高之神宙斯爲之大怒，放出了馬蠅。受到馬蠅攻擊的佩加索斯突然瘋狂躁動，貝勒羅豐遂摔下馬墜落，回到了地面。可是，佩加索斯依然驚嚇不已，持續不斷地在天際奔馳著，最後變成了天馬座。

檔案 NO.24

肌肉男兼美男子爸爸
寵愛著女兒

阿瑞斯 ARES

DATA

種類	神
特徵	戰爭、破壞之神
屬性	奧林帕斯12神
雙親	父 宙斯 母 赫拉

阿瑞斯

檔案 24

戰爭之神阿瑞斯，他的父親是最高之神宙斯，母親則是結婚之神赫拉，可說在眾神之中擁有超優秀的血統。同時，他的身材高大，是個健碩的肌肉男，又是那種一現身就會使女神們捨不得移開目光的超帥男神。

某次，阿瑞斯的女兒阿爾姬佩，遭到了海神波賽頓（阿瑞斯的伯伯）與精靈所生的兒子——哈利俄提歐斯，襲擊強暴！阿爾姬佩呼喊救命，阿瑞斯隨即趕到她身邊，毫不猶豫地殺掉對女兒施暴的哈利俄提歐斯。（在希臘神話裡，遭遇強暴的女人得以安全脫身，場景可說極爲少見！）

兒子被殺的波賽頓爲之大怒，遂上訴宙斯，於是展開了史上第一回的審判（眞不像是以暴制暴的希臘神話啊，莫名地開始有了文明的發展）。審判的結果是，儘管阿瑞斯的作爲過當，但一切都是爲了拯救女兒，所以視其無罪。爲了摯愛的女兒——「無論是誰，我都跟他拚命」，果然是戰爭之神的作風啊。

超瘋狂 Point!

一而再再而三輸，也不見反省！

儘管前面介紹了阿瑞斯的優點，但其實他的優點少之又少。感覺，阿瑞斯這個神，根本只是基於好戰而生。畢竟他就是戰爭之神啊，不過也因此衍生了不少問題。

而且，問題多到有時不禁讓人疑惑，他的大腦該不會也是肌肉吧？總之他就是思考過於簡單，一遇到戰鬥之事，立刻血脈賁張，兩手抓著巨大的槍矛，隨即帶著兒子戴摩斯與佛波斯衝鋒陷陣，但又毫無戰略。總之，就是先打再說的類型。

相較之下，也是宙斯孩子的雅典娜，既是戰略女神、又是阿瑞斯的姊姊，她的作戰風格與阿瑞斯截然不同，必定擬定周詳的計畫，簡直是每戰

檔案 24

ARES

必勝的「勝利女神」。阿瑞斯則每戰必輸，明明身爲戰爭之神，卻連與人類的戰鬥也必敗。

例如英雄海克力斯，他是宙斯與人類之子，由於喝了結婚女神赫拉的母乳，而擁有不死之身。半神半人的海克力斯也擊敗過阿瑞斯，還讓阿瑞斯身負重傷……。

此外，與英雄狄俄墨得斯對戰時，阿瑞斯的下腹中箭，當時他大喊「好痛啊」，（雖說，狄俄墨得斯受到了雅典娜的助力……），據說那聲音響亮得猶如一萬名士兵在叫嚷般。

檔案
24

巨人阿洛伊代兄弟企圖奪取世界而引發戰爭時，阿瑞斯也是首當其衝前往制伏，卻依舊戰敗……，甚至被關進青銅甕裡長達十三個月……。

由此看來，他從未檢討過自己爲何一再戰敗。如此毫無反省能力，也證明阿瑞斯根本超級遲鈍。但若再換個角度來說，那或許不是缺點，有時反倒是優點啊。

CHAPTER 5

超瘋狂希臘神話
上演復仇

身為人類的我們有時不免會生氣，可是氣歸氣，還是會故意以溫柔的語氣來掩飾，企圖平復波動的情緒……如果以為希臘眾神也會如此克制情緒，那可就大錯特錯了。

希臘神話裡的眾神超易怒，而且會做出何種舉動連他自己都控制不住。本章中，將介紹眾神過激的復仇戲碼。

檔案 NO.25

眼不見心不煩，所以關住了小孩！

烏拉諾斯

希臘神話裡提到了「混沌」，也就是說，一切都從混雜而巨大的漩渦開始。從這個漩渦誕生了大地女神蓋亞，她猶如眾神的祖母。而後，蓋亞獨自生出了天空之神烏拉諾斯、海洋之神澎濤士，形成了天、地、海的世界雛形。

之後，蓋亞與烏拉諾斯母子結合，生下了「泰坦神族」男女各六人，合計十二名眾神。

烏拉諾斯遂成爲世界最初的主宰，泰坦神族也有了各式各樣的眾神，感覺似乎子孫繁榮，一切安好。

問題是，在烏拉諾斯與蓋亞陸續誕生的孩子當中，竟出現了「獨眼巨人」庫克洛普斯，以及長有一百隻手臂與五十顆頭的「百臂巨人」，而且模樣這麼可怕的兩種怪物各有三位。

烏拉諾斯實在不想看到這六個孩子的可怕模樣，於是把他們關在地底深處。明明是自己親生的孩子，如此舉動實在太瘋狂了……。

超瘋狂Point!

該幹掉時就幹掉！超激烈復仇劇！

面對既是兒子、也是丈夫的烏拉諾斯之舉，身爲怪物們母親的蓋亞不禁爲之大怒！想當然耳，是自己經過懷胎陣痛生下的孩子，卻被如此對待，肯定沒有人不生氣的啊（斬釘截鐵）！

於是，蓋亞竭力思索該如何處置烏拉諾斯，終於製作出一把無比鋒利的大鐮刀，並找了孩子們來商量。當然了，孩子們，是指除了被烏拉諾斯關起來的庫克洛普斯、百臂巨人以外的其他孩子。

「你們的父親眞的太差勁了！你們之中的哪個，可以拿著這把鐮刀，去把那個傢伙痛宰一頓，達成任務的，就能成爲新的統治者！」

「什麼，太可怕了，辦不到啊，不可能啊。」

對孩子們來說，烏拉諾斯是非常可怕的父親，於是大家低著頭不發一語。

最後，最小的兒子克洛諾斯挺身而出。

「母親，就交給我吧！」

「啊，兒子，我會傳授你作戰計畫，屆時你就照著做。」

蓋亞的「痛宰烏拉諾斯作戰計畫」，終於即將展開。

入夜後，烏拉諾斯一如往常地回到蓋亞身邊。此時，隱身在旁的克洛諾斯拿著鐮刀飛躍而出，並依照蓋亞的指示，抓住烏拉諾斯的雞雞，一刀砍斷。這，這也太痛了吧！

烏拉諾斯與蓋亞展開的一場超激烈、超狠毒的夫妻吵架（應該也算是母子吵架吧），最終勝利的是

烏拉諾斯 OURANOS

DATA

種類	神
特徵	天空的神、 最初統治世界的神
雙親	母 蓋亞

檔案
25

蓋亞。

不過，請放心，神是擁有不死之身的，烏拉諾斯並沒有死，只是雞雞被切掉了，也代表力量遭到了斬除。依照約定，克洛諾斯取代失去權力的烏拉諾斯，成爲新的統治者。

順帶一提，克洛諾斯割下父親的雞雞之後，把它丟入大海（太狠了）。結果冒出了白色的泡沫，女神誕生，也就是愛情與美麗的女神——阿芙蘿黛蒂。

OURANOS

檔案 NO.26

居主宰地位，卻在長達十年的親子戰爭戰敗

克洛諾斯 KRONOS

DATA

種類	神
特徵	第二代的主宰之神
屬性	泰坦神族
雙親	父 烏拉諾斯 母 蓋亞

克洛諾斯

如前一篇文章（檔案25）所示，「第二世代」的主宰者是克洛諾斯。不過，所謂「興盛總有衰敗的一天」，克洛諾斯的確印證了這句話。克洛諾斯領軍的泰坦神族，與克洛諾斯的兒子宙斯所領軍的奧林帕斯神族，引發了將眾神牽扯進去的親子戰爭——「泰坦之戰」。

克洛諾斯原本非常強大，但是，克洛諾斯的母親、也就是宙斯的祖母——大地女神蓋亞，向宙斯提議，與「被幽閉在地底的獨眼巨人，以及長著百隻手臂與五十顆頭的怪物百臂巨人」結盟。

於是，擅長製作武器的獨眼巨人為宙斯製造了代表性的武器電雷，百臂巨人則不斷投擲巨石攻擊敵人。這場戰況慘烈到足以撼動宇宙的親子之戰，持續長達十年之久，最後由宙斯贏得勝利。

之後，克洛諾斯則被永遠關閉在幽暗的地底。

超瘋狂Point!

把孩子吞下去，不就得了！

至於，原為主宰者的克洛諾斯為什麼會與兒子宙斯衍生出親子之戰呢？

其實，源頭正是克洛諾斯的超級瘋狂之行為！

克洛諾斯因為除掉父親天空之神烏拉諾斯，而取得了主宰者的地位。

檔案 26

KRONOS

當時，烏拉諾斯曾預言：「未來，你的兒子也將奪走你的主宰者地位！」話說，希臘神話中的確充滿了孩子將剝奪自己地位的預言……。儘管如此，受到如此預言的克洛諾斯卻不想坐以待斃，他心想：「就算妻子生下了孩子，只要把他們吞下肚，不就等於沒有小孩了？」

克洛諾斯與姊姊瑞亞結了婚，每回，瑞亞生下孩子，他就把孩子生吞下肚，還假裝若無其事！……難道神

不會想一想，既然有那樣的預言，乾脆就不要生小孩了!?看來，他們的確是沒想過。

於是，他就那樣生吞了三個女兒、兩個兒子。爲此感到悲傷的瑞亞希望保住自己的第六個孩子，於是她把孩子生下來後立刻交給大地女神、也就是她的母親蓋亞，而那個孩子就是宙斯。

瑞亞將石頭穿上嬰兒服，藉以矇騙克洛諾斯，他果然又如往常般一口吞下，絲毫未察覺異樣。（眞的沒發現不太一樣嗎？）

而後，長大成人後的宙斯聽從祖母蓋亞的指示，讓克洛諾斯喝下了嘔吐藥。

結果，克洛諾斯先是吐出了那個假冒成宙斯的大石頭，接著依序是波賽頓、長兄黑帝斯，姊姊赫拉、狄蜜特、長姊赫斯提亞，而且眾神都未

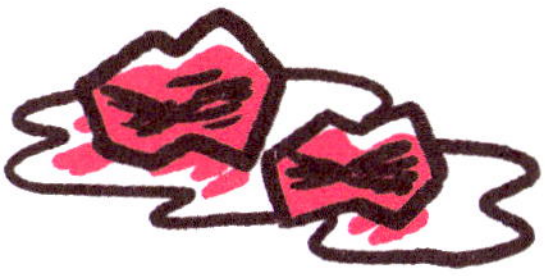

死，皆在克洛諾斯的體內長大。

由於五個兄姊再度從父親克洛諾斯的體內誕生出來，與當初出生的順序顛倒，於是最小的孩子宙斯遂成了長子。

宙斯的手足們齊心想擊垮如此糟糕的父親，於是開始了漫長的親子戰爭。由此看來，孩子們對克洛諾斯的宣戰，似乎也就理所當然了。

KRONOS

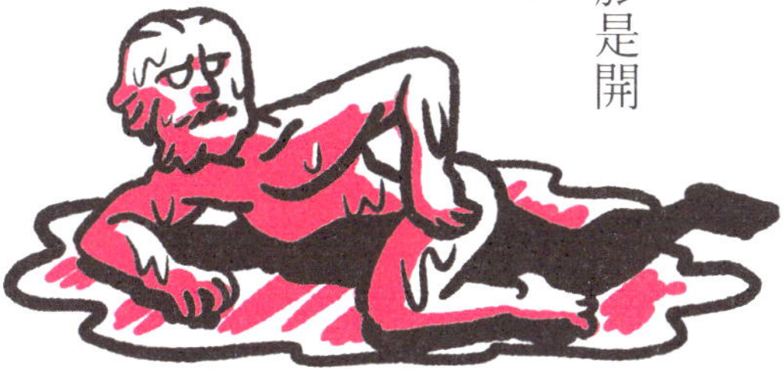

檔案 NO.27

雖是最強的英雄，卻超易怒！

希臘神話出現了許多的神，也讓人不禁好奇「誰是最強的」？

「當然是全知全能的神宙斯啊！」

「不對，應該是戰略之神雅典娜吧？」

只要提及這個問題，想必會出現各種意見，然而七嘴八舌之中總會提及一個名字，那就是——英雄海克力斯。

海克力斯擁有無數的英雄傳說，堪稱是「最強的英雄」。然而出乎意外的，他卻超沒有耐心的，爲此，他在少年時還引發過不得了的大事。

海克力斯

HERAKLES

　　少年時期的海克力斯曾學習音樂，據說學習態度頗爲不佳。某日，他惹怒了老師，這原本不過是學習過程之中稀鬆平常的事，海克力斯怒氣沖天隨即取了樂器打死老師（！）。

　　不該是這樣吧，未免太超過了！老師只不過教個書，卻喪命了……。

DATA

海克力斯 HERAKLES

種類	英雄
特徵	偉大的英雄
雙親	父 宙斯 母 阿爾克墨涅 （邁錫尼王國的公主）

超瘋狂Point!

赫拉利用了海克力斯的易怒性格

就算海克力斯超容易暴怒，卻有位神專門利用他的這項缺點來使壞，那就是宙斯的妻子赫拉。

其實，赫拉非常恨海克力斯，因爲他是宙斯與情婦生的孩子。

那位情婦是名叫阿爾克墨涅的公主，是人類而不是神。阿爾克墨涅本有丈夫，但耽溺其美色的宙斯化爲她夫婿的模樣接近她，並使之懷孕。什麼……，宙斯明明是最高之神，卻淨做出這等事來。

爲此懷恨不已的赫拉，操弄特殊的神力，讓海克力斯陷入瘋狂，進而親手殺死自己的妻子與小孩，還把弟弟的兩個孩子丟入火中燒死。這簡直太殘忍了啊……。赫拉巧妙利用了海克力斯「易怒」的缺點，最終導致他失去了最親愛的家人。

事後，後悔不已的海克力斯，去到阿波羅的神殿問道，

「該怎麼做，才能贖罪？」結果得到了這樣的回答：「達成國王的命令。」

於是，海克力斯下定決心挑戰國王的「十二項任務」。首先是制伏食人鳥「史丁法羅斯湖的鳥」，而後活捉食人馬，其中還有一項是「從三頭、三身體與六隻手的怪物手中奪走牛群」，總之，就算是再怎麼困難的挑戰，海克力斯還是完成了任務。

最後，海克力斯還成功達成「抓到冥界犬克爾柏洛斯」的任務。基於這些功績，在赫拉的許可下，海克力斯死後終得以進入天庭。

HERAKLES

檔案 NO.28

宙斯封印在壺罐裡的可怕之物

潘朵拉

因盜取火給人類、而被視爲對人類最友善的神普羅米修斯，最後受到了宙斯的嚴厲懲罰（頁102）。

儘管如此，宙斯的怒氣還是難以消解。不只是普羅米修斯，宙斯還想懲罰使用火的人類。

於是，宙斯命令工藝與鍛冶之神赫菲斯托斯，製作名爲「潘朵拉」的女人，這也是人類世界最初的女人，因爲當時地上僅有男人。

宙斯將潘朵拉，連同一個壺罐，送往了人類世界，並告誡潘朵拉，「絕不能打開壺罐。」

被送到了地上的潘朵拉，與普羅米修斯的弟弟埃比米修斯生活在一起。然而不久後，十分在意壺罐之事的潘朵拉，已在意到不能自已的地步，「裡面到底裝了什麼呢？稍微打開一下，應該沒有人知道吧……。」

　故事到此，怎麼有種不好的預感啊……。

PANDORA

潘朵拉 PANDORA

DATA

種類	人類
特徵	人類世界最初的女人
雙親	父　赫菲斯托斯 （由他以黏土製造而成）

超瘋狂Point!

留下來的「希望」，是宙斯對人類的殘酷

當我們被告知「絕不能打開」，偏偏就會非常想打開啊。宙斯也由於理解這個道理，才故意告誡對潘朵拉「絕不能打開」吧。

而宙斯究竟在壺罐裡裝了什麼呢？其實是疾病、不幸等各種災禍，全部都塞進了壺罐內。

檔案
28

PANDORA

不知情的潘朵拉打開的瞬間，被放進壺內的所有疾苦等盡皆傾巢而出，散布在整個世界。人類之所以會受疾病之苦而死亡，也是出於這個緣故。

在潘朵拉打開壺罐之前，人類世界是沒有疾病與不幸的。哎呀，當時若沒有打開就好了……。可是，宙斯的計謀就是，人類必須備受各種不幸之煎熬而活著。

檔案 28

以上就是「潘朵拉的壺罐」故事，然而如今逐漸演變爲「潘朵拉的盒子」，也用來比喻「不應揭開的祕密、不應被知道的事」。

而使各種不幸從壺罐飛溢而出的潘朵拉，情急之下趕緊塞住了壺口，唯獨剩下「希望」留在壺內，尚留存於人間。

也許有人認爲放入了「希望」的宙斯，對人類還是溫柔的，不，不，不！仔細想想，我們滿懷希望以爲願望必定能達成時，成功的機率往往少之又少，因此，每回希望落空時就更爲沮喪。同時，也因爲看到了希望，反而更凸顯出了災禍。

總之，這就是無所不能的宙斯啊……！他爲了教訓人類，可說是無所不用其極。而我們能做的就是，縱使沮喪，也要堅持地懷抱希望下去啊，一定要讓宙斯後悔「當初不該放進希望……」。

檔案 NO.29

什麼都會製造的工藝與鍛冶之神，誕生！

赫菲斯托斯

赫菲斯托斯
HEPHAISTOS

DATA

種類	神
特徵	製物、工匠、火、工藝之神
屬性	奧林帕斯12神
雙親	母 赫拉

赫菲斯托斯，是工藝與鍛冶之神，終日在工匠房敲打鐵器，爲眾神製造用具、武器或首飾等等。

不僅如此，他還以黏土塑造出了人類世界的第一個女人類潘朵拉（頁180）。總之，就是工藝技巧最精湛的神。

不過，他的生活方式卻不精湛，原因或許在於他的誕生。其實，他是結婚之神赫拉「獨自」生下的。

話說，既是丈夫、也是最高之神的宙斯，不顧妻子赫拉，獨自生下了技術之神雅典娜（頁66），而且還是宙斯最優秀的孩子。爲此，赫拉憤恨不已。

「哼，我自己也能生下了不起的孩子！」

或許是因爲懷著那樣憤恨的心情生下孩子的吧，在淨是俊男美女的眾神裡，赫菲斯托斯反而超級平凡無奇。「怎麼會這樣……」赫拉備受打擊，最後甚至不惜把他丟出天庭。什麼嘛，赫拉根本是個超狠毒的母親！

超瘋狂 Point!

送上憎恨之禮給赫拉

被丟掉的嬰孩赫菲斯托斯，所幸被海洋女神們救起，並扶養長大。長大後的赫菲斯托斯，製造出一張鑲滿寶石的黃金椅，並且送給了母親赫拉。

「什麼，那個孩子竟然送我這麼棒的禮物！」

欣喜的赫拉立刻坐上椅子，瞬間，看不見的繩子飛了出來將她綑綁住。是的，這就是憎恨不已的赫菲斯托斯對母親的報復！（自己丟掉的孩子送來禮物，赫拉竟沒有起疑心！）

要解開看不見的繩子，只有製造者赫菲斯托斯才能辦到。面面相覷的眾神，只好把赫菲斯托斯帶到赫拉所在的天庭。

但赫菲斯托斯提出了兩個條件，才願意解開繩子，「一、必須被納入奧林帕斯眾神」，還有「二、與愛情之神阿芙蘿黛蒂結婚」。嗯……第一個請求還算是可以理解，但有關第二個要求，你問過阿芙蘿黛蒂的意願嗎？

檔案 29

超瘋狂 Point!

陰鬱的赫菲斯托斯，再度復仇

關於工藝與鍛冶之神赫菲斯托斯，那些令人毛骨悚然的復仇故事還未

HEPHAISTOS

檔案 29

結束，接下來他復仇的對象是妻子，也就是愛情之神——阿芙蘿黛蒂。

本來兩人會結婚，是基於赫菲斯托斯與赫拉的交換條件。若問及兩人之間有沒有愛，想必阿芙蘿黛蒂那一方是沒有的。而且，赫菲斯托斯的工匠特質，讓他偏好獨自待在工匠房裡，對於喜好戀愛感覺的阿芙蘿黛蒂來說，實在不是合適的結婚對象。

因此，阿芙蘿黛蒂與充滿男性魅力的戰神阿瑞斯發生了婚外情。而且還是經由其他神告知，赫菲斯托斯才發現了不對勁（是因爲戀愛經驗太少嗎？所以才如此後知後覺），並憤恨難平。

但是，也許單刀直入把話說開不是他的風格，也或許是個性陰鬱使然——他竟再度設下了陷阱。

阿芙蘿黛蒂與阿瑞斯趁著赫菲斯托斯外出之際，兩人打得火熱。陷阱再度出動——「看不見」系列續篇，這回則是以「看不見的網」把偷情的兩人罩住，動彈不得。

此時，赫菲斯托斯召喚眾神到事發現場，哀呼「妻子背著我偷情」，讓難以脫身的兩人在眾神的注目下成爲話柄，再度成功達成了他的復仇計畫。

檔案
29

順帶補充一……儘管眾神無不對赫菲斯托斯報以同情，但是，在看見讓網子罩住的阿瑞斯後，說謊之神漢密斯卻也忍不住說：「能與阿芙蘿黛蒂翻雲覆雨，就算遭到如此下場也心甘情願。」由此也能知道，阿芙蘿黛蒂有多麼美麗。

順帶補充二……也許是因爲發生了那樣的事，之後，赫菲斯托斯與阿芙蘿黛蒂的婚姻關係更形惡化，阿芙蘿黛蒂更加旁若無人地與阿瑞斯搞婚外情，而且，兩人還生下了孩子。但除了阿瑞斯以外，阿芙蘿黛蒂也有其他的情夫。果然是愛情之神阿芙蘿黛蒂啊，該說，她是大膽追求愛情？還是另類的冷靜對待愛情呢？

檔案 NO.30

出生兩次的酒之神

什麼，又喝醉了……，大家看過爸爸媽媽酒後開心的模樣嗎？也或許大家實在很討厭他們酒後的樣子。

而被稱爲酒之神的就是，戴奧尼索斯。

戴奧尼索斯的父親是全知全能之神宙斯，母親是人類塞墨勒。當時宙斯已有了妻子赫拉，所以這也是婚外情。

當然，嫉妒心強的赫拉可不會選擇沉默以對。

戴奧尼索斯 DIONYSUS

DATA

種類	神
特徵	葡萄、酒之神
雙親	父 宙斯 母 塞墨勒 （底比斯王國的公主）

戴奧尼索斯

檔案 30

她的怒氣沖天，最後導致塞墨勒被燒死了，而當時塞墨勒的肚裡還懷著戴奧尼索斯呢……。哎呀，赫拉實在太狠毒可怕了啊。

此時宙斯又想出了妙招，他趕緊把還未能足月生出的戴奧尼索斯縫（！）

在自己的大腿，以避免被赫拉發現。據說，離出生還有四個月，宙斯就那樣哺育著戴奧尼索斯直到出生。果然是無所不能的宙斯啊……。

出生後的戴奧尼索斯，果然持續遭到赫拉的威嚇，幸好身旁有許多良善的人幫助他，直到長大。也因此，戴奧尼索斯可說是「出生兩次的神」。

超瘋狂Point!

自己引發事故，
反而為此暴怒！

戴奧尼索斯之所以被稱爲「酒神」，是因爲他漂流各地時，偶然得知了釀製葡萄酒的方法。

「竟然有這麼美味的東西！一定要讓每個人都知道啊。」

於是戴奧尼索斯展開了推廣的旅程，旅途中，由於受到農夫伊卡里歐斯的親切招待，遂將釀製葡萄酒的方法加以傳授。結果，伊卡里歐斯喝到如此美味的飲品，又興起「一定要讓全村的人都知道」的念頭。

然而，最後卻引來了不幸……。當時全村的人狂飲葡萄酒，突然間有人大哭，也有人發瘋暴走，陷入一片混亂。

其實那就是酒醉的模樣，但村民們第一次喝到酒，根本不知道發生了何事。況且伊卡里歐斯也僅知酒的美味，壓根不知道每個人喝醉後會出現不同的反應。

村民們誤以爲「被下了毒」，最後竟把伊卡里歐斯殺掉（！）……。

由於事發突然，伊卡里歐斯的女兒傷心過度，也自殺身亡了。

面對如此慘事，戴奧尼索斯超級憤怒，竟對全村的女孩們下了「發瘋而死」的詛咒。

不該如此啊，是因爲你沒有好好地跟大家解釋

何謂酒，才會發生那樣的事啊……。

超瘋狂Point!

說是「能達成任何願望」，卻差一點害死人！

如果有人善待我們心愛的家人或朋友，想必任誰都想報恩以對吧，而戴奥尼索斯也是懷抱著那樣的心情（只是，這份報恩竟是不幸的開始……）。

話說某次，戴奧尼索斯所追隨的半獸神西勒努斯，因喝酒過量醉倒，最後竟失蹤了。哎呀，怎麼又與酒有關……。儘管戴奧尼索斯是神，仍然擔憂西勒努斯的安危。

遍尋的結果，原來是邁達斯國王收留了西勒努斯，並盛情款待了十天之久。戴奧尼索斯知情後，非常感激，遂喚來邁達斯國王，說可以爲他達成任何願望以報恩。

結果，國王許了這樣的願望，「希望自己擁有，只要一揮手，就能化爲黃金的能力。」

擁有這樣的能力，的確財富滿滿啊。戴奧尼索斯聽聞後，心想「這個願望實在堪慮啊，還不如不許的好」，卻不敢說出口。

最後國王如願，一揮手就有黃金，但也爲生活帶來了不便。

因爲只要他觸手所及的一切都變成了黃金，就連想吃頓飯，食物也變成了黃金了……。邁達斯國王直到快餓死，才終能解除願望。

但是，戴奧尼索斯明明一開始就能阻止這一切啊，況且對方還是你的大恩人……。

對希臘神話的「疑問」？

許多人看希臘神話時，心中常浮現很多的「疑問」，那是因為，以人類的常理去解讀，會覺得希臘神話很超乎常理。在此，試著回答看看大家的「疑問」。

神在哪裡？

若問「神在哪裡」，其實，是無所不在，眾神也出現在人們祈禱時神殿之類的地方。而以最高之神宙斯為主的奧林帕斯十二神，則是居住在奧林帕斯山。

最強的神是誰？

既然宙斯是最高之神，那麼，他應該是最強的神吧。事實上，宙斯的哥哥波賽頓也毫不遜色，英雄海克力斯也超強的。如果三位一決勝負，不知誰會獲勝啊。不過，真希望他們能在動漫《終末的女武神》裡一戰高下。

希臘神話 Q&A

無論許下任何願望，神都能幫助達成嗎？

日本人認為向神明祈求，神會協助達成願望。而在希臘神話裡，人類誠心祈禱，神感到高興的同時，當然也會協助達成願望。相反的，若激怒了神，則會受到懲罰。

人類看得見神嗎？

既然神會與人類戀愛，或是懲罰人類……想必，人類是看得見神的!?其實，人類還是無法直接看到神。

舉例來說，如果雷電之神宙斯以原貌現身，必然災難四起而造成人類喪命，為了避免如此，他才會化身成人類或動物的樣貌。

希臘神話 Q&A

人類也可以變成神嗎？

人類變成神……並不是不可能的事。最有名的是——英雄海克力斯（神與人類所生的男孩，與其說他並非純種的人類，毋寧說他更屬於半神），他歷經種種考驗，死後終於得到認可，成為了神。因此，只要得到了神的認可，還是有機會成為神的。

不死之身的神不會死，反倒會持續增加，結果是……？

基本上，神、妖精或怪物等等都屬於不死之身。這麼說來，他們只要持續誕生，數量不就會不斷增加嗎？是的，沒有錯。事實上，若角色不斷增加出現，最終也會難以讓人記住。對於人類的世界，有時，神會覺得「人類是不是增加太多了」，於是來個災難，以減少人口；但面對神的數量太多時，神又會如何處理呢？如果換作是你，你會怎麼做呢？

後記

希臘神話，常被視爲「充滿人性的眾神」。的確如此啊，像是宙斯不停地有外遇，赫拉又嫉妒心強，明明是神卻像極了凡夫俗子。但是……著手寫本書、更深入地研究希臘神話之際，感覺到，這些眾神不知是因爲擁有非凡的力量，還是徹頭徹尾像極了凡人，所以他們的殘忍狠毒根本遠遠超越人類。雖說如此，他們依然誠實面對了自己的內心，一點也不爲自己的殘酷感到羞愧，或許這也是眾神的魅力所在吧。讓人類害怕到不想與之爲友，是以才能成爲高高在上的神啊。

作者・こざきゆう

話說很久以前，我和妻子去希臘蜜月旅行，周遊了希臘神話出現的諸地，那些地方優美到讓人忘記塵囂……。

但是，爲了著手書寫這本書，仔細研究了希臘神話之後，簡直大吃一驚！原來，神竟如此任性、愛說謊、爲所欲爲!?當初旅行時的感動，到底所爲何來……。

不過，這也讓身爲凡人的我們鬆了一口氣。原來，神也是會不斷犯錯的，所以當我們感到苦惱或出了錯時，想一想眾神，也許就可以更放寬心了。

作者・眞山知幸

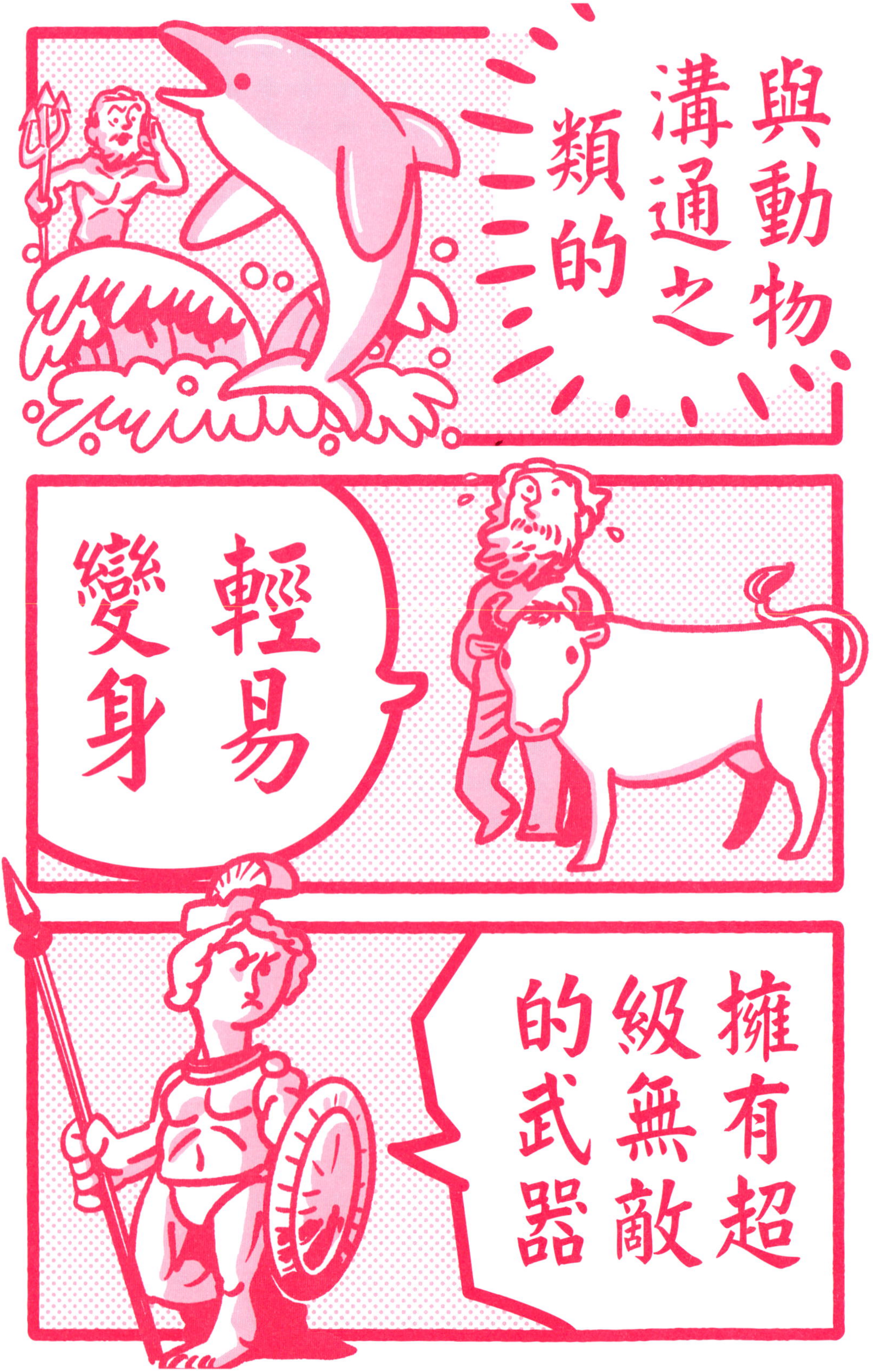
與動物溝通之類的
輕易變身
擁有超級無敵的武器

眾神的神奇能力

Kamigami no “Sugoi” Chikara

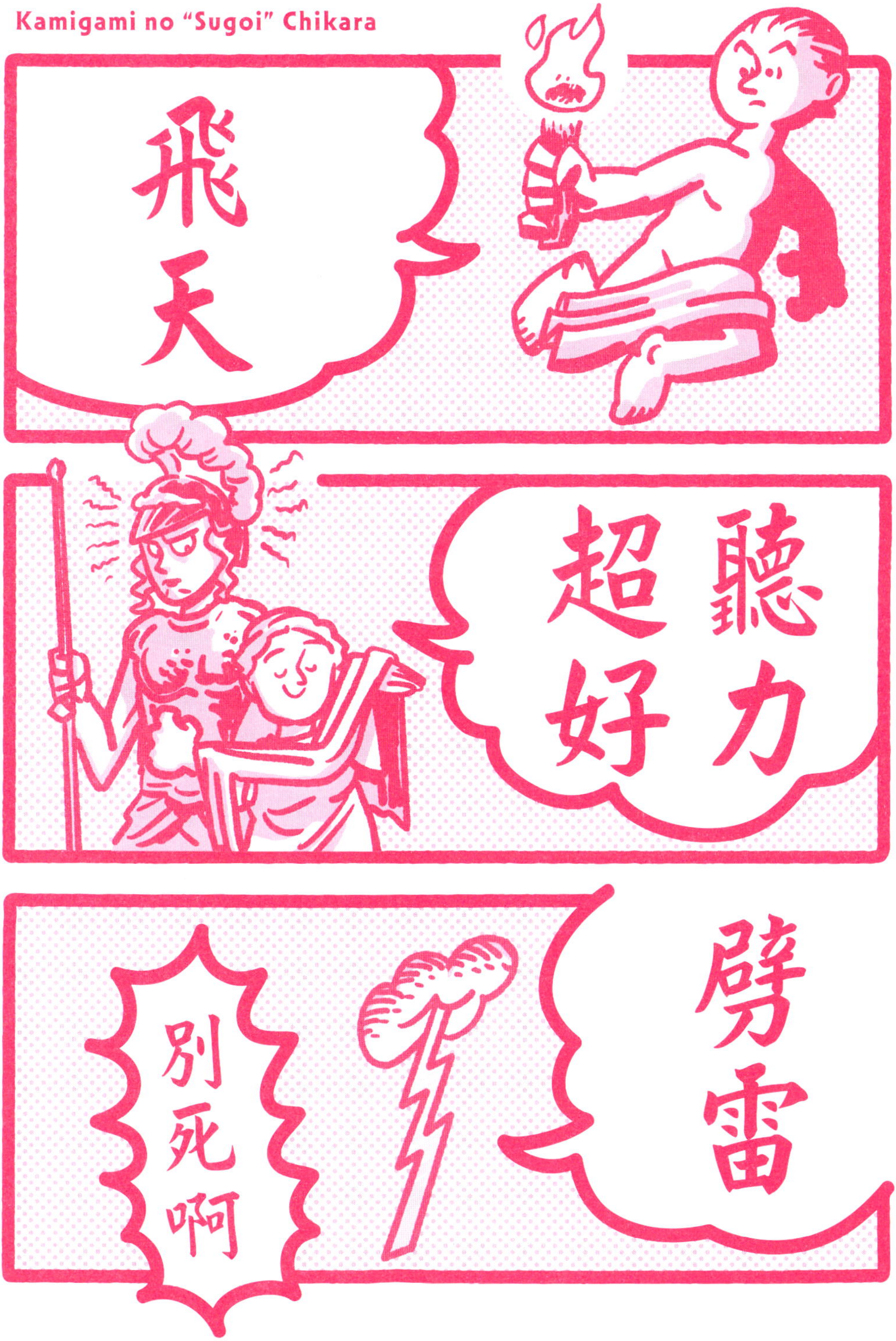

參考書籍

『愛と変身のギリシア神話』（吉田敦彥・同文書院）
『イラストで読む ギリシア神話の神々』（杉全美帆子・河出書房新社）
（中譯版：《一點也不正經的希臘眾神們》）
『面白いほどよくわかるギリシャ神話』（吉田敦彥・日本文芸社）
『ギリシア神話 神々と英雄に出会う』（西村賀子・中央公論新社）
『ギリシアの神話（神々の時代）』（カール・ケレーニイ著、植田兼義訳・中央公論新社）
『図説 ギリシャ神話「神々の世界」篇』（松島道也・河出書房新社）
『図解雑学 ギリシア神話』（豊田和二・ナツメ社）
『世界一よくわかる！　ギリシャ神話キャラクター事典』（オード・ゴエミンヌ・グラフィック社）
『世界の見方が変わる　ギリシア・ローマ神話』（庄子大亮・河出書房新社）
『使える！　ギリシャ神話』（齋藤孝・ＰＨＰ研究所）
『マンガ ギリシア神話』1〜8（里中満智子・中央公論新社）

好讀出版　一本就懂36

填寫線上讀者回函
請掃描 QRCODE

爆笑希臘神話：超瘋狂的宙斯與眾神
ぶっ飛びまくるゼウスたち

監　　修／庄子大亮
作　　者／こざきゆう、眞山知幸
繪　　者／木村耕太郎
譯　　者／陳柏瑤
總 編 輯／鄧茵茵
文字編輯／莊銘桓、簡綺淇
美術編輯／王廷芬

發 行 所／好讀出版有限公司
台中市407西屯區工業30路1號
台中市407西屯區大有街13號（編輯部）
TEL:04-23157795　FAX:04-23144188
http://howdo.morningstar.com.tw
(如對本書編輯或內容有意見，請來電或上網告訴我們)
法律顧問／陳思成律師

讀者服務專線：(02)23672044 / (04)23595819#212
讀者傳眞專線：(02)23635741 / (04)23595493
讀者專用信箱：service@morningstar.com.tw
晨星網路書店：http://www.morningstar.com.tw
郵政劃撥：15060393（知己圖書股份有限公司）
如需詳細出版書目、訂書，歡迎洽詢

國家圖書館出版品預行編目資料

爆笑希臘神話：超瘋狂的宙斯與眾神／
庄子大亮監修；こざきゆう、真山知幸著；
木村耕太郎繪；陳柏瑤譯
—— 初版 ——
臺中市：好讀出版有限公司，2025.06
面：　公分 ——（一本就懂；36）
譯自：ぶっ飛びまくるゼウスたち
ISBN　978-986-178-756-5（平裝）
857.27　　　　　　112014318

BUTTOBIMAKURU ZEUSUTACHI written by Yu Kozaki and Tomoyuki Mayama, supervised by Daisuke Shoji
©2023 Yu Kozaki, Tomoyuki Mayama, Daisuke Shoji All rights reserved. First published in Japan in 2023 by Jitsugyo no Nihon Sha, Ltd.
Complex Chinese Character translation rights reserved by How Do Publishing Co., Ltd. under the license from Jitsugyo no Nihon Sha, Ltd. through Haii AS International Co., Ltd.

初版／西元2025年06月15日
定價／420元
ISBN 978-986-178-756-5
如有破損或裝訂錯誤，請寄回台中市407工業區30路1號更換（好讀倉儲部收）
Published by How-Do Publishing Co., Ltd. 2025 Printed in Taiwan.   All rights reserved.